Reischer

Was Eltern von tollen Kindern
richtig machen

Was Eltern von tollen Kindern richtig machen

Erica Reischer

Aus dem Englischen übersetzt von Michaela Back

TRIAS

**Bibliografische Information
der Deutschen Nationalbibliothek**

Die Deutsche Nationalbibliothek verzeichnet diese Publikation in der Deutschen Nationalbibliografie; detaillierte bibliografische Daten sind im Internet über http://dnb.d-nb.de abrufbar.

Die US-amerikanische Originalausgabe erschien 2016 unter dem Titel "What great parents do: 75 strategies for Raising Kids who Thrive". Erica Reischer, PHD © 2016 by Erica Reischer. All rights reserved including the right of reproduction in whole or in part in any form. This edition published by arrangement with TarcherPerigee, an imprint of Penguin Publishing Group, a division of Penguin Random House LLC.

1. Auflage 2020
© 2020 TRIAS Verlag in Georg Thieme Verlag KG, ein Unternehmen der Thieme Gruppe
Rüdigerstr. 14
70469 Stuttgart
Deutschland

www.trias-verlag.de

Printed in Germany

Programmplanung: Katja Liese
Projektmanagement: Annalena Müller
Redaktion:
Print Company Verlagsgesellschaft m.b.H.
Übersetzung: Michaela Back
Umschlaggestaltung:
CYCLUS Visuelle Kommunikation, Stuttgart
Bildnachweis: Umschlagfoto: Quelle: CYCLUS Visuelle Kommunikation, modifiziert nach DEEPOL by plainpicture/Zeljko Dangubic
Satz: Ziegler und Müller, Kirchentellinsfurt
gesetzt in APP/3B2, V.9
Druck: Westermann Druck Zwickau GmbH, Zwickau

ISBN 978-3-432-10916-9   1 2 3 4 5 6
Auch erhältlich als E-Book:
eISBN (epub) 978-3-432-10917-6

Liebe Leserin, lieber Leser,

hat Ihnen dieses Buch weitergeholfen? Für Anregungen, Kritik, aber auch für Lob sind wir offen. So können wir in Zukunft noch besser auf Ihre Wünsche eingehen. Schreiben Sie uns, denn Ihre Meinung zählt!

Ihr TRIAS Verlag

Kontakt:
kundenservice.thieme.de

Lektorat TRIAS Verlag
Postfach 30 05 04, 70445 Stuttgart

Abonnieren Sie unsere Newsletter:
www.trias-verlag.de/newsletter

Besuchen Sie uns auf facebook
**www.facebook.com/
trias.tut.mir.gut**

Besuchen Sie uns auf facebook
**www.facebook.com/
mama.mag.trias**

Folgen Sie uns auf Instagram
**www.instagram.com/
trias_verlag**

Lassen Sie sich inspirieren
**www.pinterest.com/
triasverlag**

*Für R., meinen besten Freund
und Partner in allen Dingen.*

Für A., C. und Kinder überall.

*Und mit großem Dank an L. B.
für unzählige Beiträge.*

Die Autorin

Erica Reischer, Ph.D., ist Psychologin, Bestsellerautorin, Rednerin, Elternberaterin und Coach. Sie ist preisgekrönte Bloggerin und schreibt unter anderem für die Washington Post, Psychology Today und The Atlantic. Ihr ist es ein besonderes Anliegen, Erkenntnisse aus Psychologie und Verhaltensökonomie leicht verständlich aufzubereiten, um Menschen in Führungsrolle zu unterstützen, seien es Eltern, Lehrer oder Führungskräfte. Erica Reischer lebt in Oakland, Kalifornien.

Inhalt

Einleitung

Als ich Mutter wurde, suchte ich nach einem Buch, das Eltern konkrete Handlungsvorschläge macht und das all die tollen Ratschläge, die ich im Psychologiestudium kennengelernt hatte, zusammenfasst.

Ich fand spezielle Ratgeber für die körperliche Gesundheit von Kindern, aber bei den Ratgebern zur sozialen und emotionalen Entwicklung von Kindern musste man sich durch Hunderte von Seiten lesen, um die wichtigsten Punkte zu finden. Und manche waren viel zu sehr auf einen kleinen Teilbereich ausgerichtet.

Nachdem mein erstes Kind auf die Welt gekommen war, startete ich meinen ersten Workshop für Eltern, der genau das bieten sollte, was ich damals gesucht hatte. Der Workshop, den ich »Was Eltern von tollen Kindern tun« nannte, beinhaltete einfache und präzise Handlungsvorschläge, die ich aus klinischen und empirischen Studien zusammengetragen hatte. Sie sollten Eltern dabei helfen, schwieriges Verhalten von Kindern zu verändern, den Familienzusammenhalt zu stärken und Kinder dabei zu unterstützen, zu glücklichen, freundlichen und verantwortungsbewussten Erwachsenen heranzuwachsen. Mittlerweile haben Tausende Eltern diese Workshops besucht und tun das bis heute.

Die Inspiration zu diesen Workshops kam aber auch aus einer anderen Quelle. Als Psychologin arbeite ich mit vielen Familien mit einer Vielfalt von Problemen, angefangen bei übermäßigem Strampeln und ständigem Weinen bis hin zu Situationen, in denen die Beziehungen so geschädigt sind, dass professionelle Hilfe benötigt wird.

Durch meine Arbeit mit diesen Familien kam auch eine weitere, allgemeinere Frage auf: Wenn ich diesen Eltern wichtige Informationen in ihrer frühen Elternschaft mitgeben könnte, sodass sie von Anfang an gute Beziehungen zu ihren Kindern aufbauen können, was würde ich ihnen sagen? Sowohl die Workshops als auch dieses Buch sind meine Antwort auf diese Frage.

Was dieses Buch anders macht

Als ich den Workshop entwickelte, stellte ich auch ein einseitiges Handout – ich nannte es »10 Dinge, die Eltern von tollen Kindern tun« – zusammen, das die zehn wichtigsten Punkte des Workshops zusammenfasste. Ich ermutigte die Eltern, dieses Handout auch an Freunde und Verwandte weiterzugeben. Es hilft mittlerweile unzähligen Familien. Ich bekam viele E-Mails, in denen Eltern mir für diese Einsichten dankten und schrieben, das Handout hänge im Haushalt an einer gut sichtbaren Stelle.

Die vielen Anfragen und Bitten, mehr solcher handlungsorientierten Zusammenfassungen zu erstellen, haben mich zu diesem Buch inspiriert. Wie in meinen Workshops gebe ich zu jedem Handlungsvorschlag (bzw. jeder »Strategie«) ein praktisches Beispiel und zusätzliche Tipps.

Im Gegensatz zu den vielen Elternratgebern, bei denen man Hunderte Seiten lesen muss, um die wichtigsten Gedanken zu finden, ist dieses Buch eher als eine Art Gebrauchsanweisung gedacht: kurz und knapp, leicht zu lesen, mit dem Augenmerk auf sinnvollen Strategien, die man sofort anwenden kann.

Ich habe sie »einfache Strategien« genannt, weil sie in einer unkomplizierten, direkten Weise formuliert sind und trotzdem genug Information bieten, damit sie gleich praktisch anzuwenden sind. Aber »einfach« bedeutet nicht, dass die Umsetzung immer leicht ist: Auch wenn jede Strategie leicht verständlich aufgebaut ist, kann es schwer sein, etwas anders zu machen, als wir es gewohnt sind. Übung und gute Vorsätze sind der Schlüssel (siehe S. 23).

In diesem Buch werde ich Ihnen alle Informationen und Techniken vermitteln, um die es auch in meinen Workshops und in meiner therapeutischen Praxis geht: Vorschauen, Machtteilen, alles ins beste Licht rücken, Empathie, Wiederholungen, faire Warnungen, die Handlung abbrechen, soziale Experimente, Belohnungssysteme, emotionales Training, Glücksgewohnheiten und mehr. Und Sie werden lernen, die Strategien so anzuwenden, dass Ihr Familienzusammenhalt gestärkt wird. Sie werden lernen, wie Sie mit schwierigem Verhalten, wie Jammern, Schreien oder Aufschieben, umgehen und Ihren Kindern helfen können, verantwortungsbewusste Individuen zu werden.

Die Strategien in diesem Buch können bei Kindern jeden Alters angewendet werden. Mein Ziel ist es, Eltern dabei zu helfen, ein starkes Fundament für ein glückliches Zusammenleben zu legen, durch das Kinder aufblühen können. Daher sind die Ideen, Methoden und Beispiele in erster Linie für Kinder unter zehn Jahren gedacht. Aber es ist nie zu spät, um anzufangen (siehe S. 186). Für Eltern älterer Kinder kann es herausfordernder sein, aber es ist die Mühe wert. Wir versuchen immer, eine Beziehung zu unseren Kindern aufzubauen, egal, ob sie zwei oder zweiundzwanzig Jahre alt sind.

Warum so eine praktische Gebrauchsanweisung? Als Psychologin habe ich gesehen, dass die meisten meiner Patienten und Patientinnen – tatsächlich die meisten Menschen, die ich kenne, und auch ich selbst – Ratschläge wie »Wenn Sie Ihren Rücken stärken wollen, dann müssen Sie Ihre Rumpfmuskulatur stärken« gerne annehmen, sie aber nicht umsetzen können, weil sie einfach nicht wissen wie. Sie denken bei sich: »Ja, gute Idee! Das will ich machen! Aber *wie* genau soll ich das anstellen?«

Das habe ich auch bei meiner Arbeit mit Familien gesehen. Sie wollten das, was ich ihnen sagte, umsetzen, wussten aber nicht, wie. Deswegen endet jeder Hinweis mit einer kurzen Anleitung (»Probieren sie es mal so«). Dieser Teil soll Ihnen klare Vorstellungen davon geben, wie Sie die Strategien umsetzen können – Schritt-für-Schritt-Anleitungen und Beispiele aus dem Leben machen es noch leichter.

Für wen dieses Buch gedacht ist

Dieses Buch ist für jene, die gerade Mutter oder Vater geworden sind oder es vielleicht bald werden. Es ist auch gut geeignet für Großeltern, Lehrende und Kinderbetreuende. Es ist einfach für alle, die Kinder in ihrem Leben haben und eine präzise Gebrauchsanleitung mit konkreten Ideen und praktischen Handlungsvorschlägen wollen, um die täglichen Herausforderungen besser zu meistern und gleichzeitig die soziale und emotionale Entwicklung eines Kindes zu fördern.

Wenn Sie, wie viele Eltern, zu erschöpft oder zu beschäftigt sind, um ein Buch zu lesen, dann ist dieses Buch ganz bestimmt für Sie geeignet. Es ist nicht wie jedes andere Buch, durch das man sich Kapitel für Kapitel durcharbeiten muss, um etwas Konkretes zu finden. Es bereitet Ihnen die Information, die Sie brauchen, in kleinen Schritten auf.

Wie Sie dieses Buch verwenden

Sie müssen dieses Buch nicht von Anfang bis Ende lesen, um die Kernaussagen und die praktischen Tipps aus ihm herauszuholen. Genauso wie bei einer Gebrauchsanweisung können Sie einfach durch das Buch blättern, um zu finden, was für Sie relevant ist.

Jede erzieherische Vorgehensweise oder Strategie finden Sie als Kapitelüberschrift oben auf der Seite, sodass Sie sie leicht finden können. Sie wird von einer Erklärung, einem detaillierten Beispiel und einem klaren Handlungsvorschlag (»Probieren Sie es mal so«) begleitet.

Weil das echte Leben kompliziert ist, verweisen die Strategien in diesem Buch aufeinander. Wenn es in diesem Buch eine andere Strategie gibt, die zu der, über die Sie gerade lesen, passt, dann wird dieses Buch Sie zu der Strategie führen und Ihnen zeigen, wie Sie mehrere Strategien in Alltagsszenarien kombinieren können. Passend zu dem, was Sie gerade brauchen, bauen Sie sich damit einen erzieherischen Werkzeugkasten.

Da dieses Buch die hilfreichsten Informationen »mundgerecht« für Sie zusammenfassen will, ist es kurz. Wenn Sie weitere Tipps, Werkzeuge oder Beispiele brauchen, besuchen Sie bitte meine Website: www.DrEricaR.com

Die Prinzipien guter Erziehung

Nachdem Sie jetzt ein Gefühl dafür haben, was Sie von diesem Buch erwarten dürfen, möchte ich auch ein paar Worte darüber verlieren, welche Philosophie dieses Buch leitet. Mein Rezept für gute Erziehung benötigt zwei Zutaten. Es geht es um das Kultivieren von Bewusstsein für sich selbst, für andere, zum Beispiel Ihre Familie, und für den Augenblick. Was für ein Kind in einem Augenblick das Richtige ist, passt vielleicht nicht zu einem anderen Kind in einer anderen Situation. Wenn Stimmungen und Umstände sich verändern, müssen wir uns dessen bewusst sein, was gerade passiert und was notwendig ist, um unsere Strategien flexibel anzupassen.

Wenn Sie zum Beispiel ein Streitgespräch mit einem Kollegen hatten, müssen Sie daran denken, wie dieses Gespräch Sie vielleicht noch beeinflusst, wenn Sie nach Hause kommen, sodass Sie nicht die Geduld verlieren. Wenn wir uns einsam oder traurig fühlen, dann müssen wir darauf achten, dass wir nicht unabsichtlich unsere Bedürfnisse vor die unserer Kinder stellen. Wir müssen uns unserer Gefühle und Gedanken bewusst sein, sodass wir innehalten und reflektieren und *Entscheidungen* darüber treffen können, was wir tun, anstatt einfach nur zu reagieren (siehe S. 42, S. 53, S. 60).

Und gute Erziehung beruht auch auf neuen Erkenntnissen der Forschung – oft sind ihre Ergebnisse überraschend. Es scheint so zu sein, dass ein Kind umso selbstbewusster wird, je mehr wir es loben. Eher ist das Gegenteil der Fall. Kinder, die exzessives Lob bekommen, besonders unspezifisches Lob für Fähigkeiten oder Eigenschaften (wie beispielsweise »Gut gemacht!« oder »Du bist so klug!«) statt für Bemühen und Einsatz, neigen zu Unsicherheit (warum das so ist, erfahren Sie auf S. 112). Forschung hilft uns zu verstehen, was bei Kindern funktioniert und was nicht, damit wir unseren Kindern Gutes tun können.

Bei guter Erziehung geht es nicht darum, Regeln auswendig zu lernen. Es ist eher, wie eine Sprache zu erlernen. Durch viel Übung lernen gute Sprecher grundlegende Prinzipien, die ihnen helfen, die Sprache der Situation und dem Zweck entsprechend zu verwenden. So ist es auch mit guter Erziehung: Sie ist eine Fähigkeit, die Sie durch Lernen und Üben erweitern und festigen (siehe S. 30). Wenn wir also ein paar grundlegende, auf Forschung basierende Prinzipien mit unserem Bewusstsein für den Augenblick kombinieren, dann sind wir für alle Herausforderungen gewappnet.

Alle Strategien in diesem Buch basieren auf drei Prinzipien: Akzeptanz, Grenzen und Konsequenz[1].

Die Grundidee der Akzeptanz ist, dass Sie Ihren Kindern durch Worte, Verhalten und Auftreten vermitteln, dass Sie sie *genauso* lieben, *wie sie sind* (selbst, wenn Sie mit ihren Entscheidungen oder ihrem Verhalten nicht zufrieden sind). Akzeptanz ist ähnlich der bedingungslosen Liebe, wobei ich aber hervorheben möchte, dass die Art der Akzeptanz, um die es mir hier geht, noch ein wenig herausfordernder ist.

Denken Sie beispielsweise an einen ungelenken, in Bücher versunkenen Jungen, dessen sportlicher Vater immer gehofft hat, dass sein Junge einmal wird wie er. Sein Vater wird ihn dazu ermutigen, sportlich zu sein, um seine Fähigkeiten auszubauen und ihn aus seiner Wohlfühlzone herauszuholen. Kann der Vater dabei trotzdem immer Liebe und Wertschätzung vermitteln statt Enttäuschung darüber, dass der Sohn nicht so ist, wie er es sich gewünscht hätte? Es ist schwer, aber unglaublich wichtig. Einige der Strategien, die dieses Prinzip der Akzeptanz thematisieren, finden Sie auf S. 31, S. 34, S. 37, S. 50, S. 55, S. 60, S. 82, S. 96, S. 107, S. 114 und S. 122.

Klare Grenzen aufzuzeigen ist das zweite Grundprinzip. Kinder brauchen Grenzen. Sie fühlen sich am wohlsten, wenn sie in einem Umfeld leben, in dem Erwartungen und Regeln klar und verständlich sind. Strategien, in denen es um Grenzen geht, finden Sie auf S. 42, S. 67, S. 69, S. 72, S. 105, S. 110, S. 129, S. 131, S. 135, S. 177 und S. 179.

Im Zusammenhang mit Grenzen kommen wir zur Konsequenz. Konsequenz bedeutet, zu tun, was man sagt. Es bedeutet, vorhersehbar zu sein. Mit Konsequenz wird das Austesten der Grenzen minimiert, denn Kinder lernen schnell, dass Sie auch tun, was Sie sagen. Ohne Konsequenz haben Regeln und Grenzen kaum Wirkung.

In meinen Workshops erkläre ich Konsequenz gern mit der Schwerkraft. Stellen Sie sich vor, Sie lassen etwas zu Boden fallen. Wenn es hin und wieder (oder auch nur ein einziges Mal) nicht auf den Boden fällt, dann werden Sie immer wieder Dinge fallen lassen, um zu sehen, ob es noch einmal passiert. Kinder mit inkonsequenten Eltern werden in der Regel die Grenzen der Eltern austesten, denn so lernen sie, wie Mama und Papa funktionieren (siehe S. 96). Und vielleicht kommen sie ja damit durch. Einige Strategien, durch die Sie Konsequenz lernen, finden Sie auf S. 21, S. 58, S. 60, S. 72, S. 87, S. 120, S. 122, S. 137, S. 140 und S. 177.

Der Titel dieses Buches ist bewusst gewählt. Er soll die erzieherische Philosophie, um die es hier geht, widerspiegeln. »Toll« soll die Art der Erziehung beschreiben, nach der wir streben sollten. »Toll« statt »perfekt«. Perfekte Eltern existieren nicht. Wenn Sie versuchen, so ein Fabelwesen zu sein, werden Sie frustriert sein und sich unzureichend fühlen. Eltern von tollen Kindern machen Fehler (siehe S. 45). Fehler zu machen kann auch gut sein, denn es gibt Eltern die Möglichkeit, den Kindern ein Vorbild zu sein und zu zeigen, was man tun kann, wenn man einen Fehler gemacht hat und wie man mit Verantwortung und Integrität darauf reagiert.

Ich habe das Buch auch absichtlich nicht »Was Eltern von tollen Kindern wissen«, sondern »Was Eltern von tollen Kindern tun« genannt. Der Unterschied zwischen Wissen und Tun ist enorm wichtig. Wir müssen natürlich etwas wissen, um danach zu handeln. Aber wenn wir nicht nach unserem Wissen handeln, dann können wir nichts verändern.

Wir alle haben das bereits erlebt: Wir wissen, dass wir schlafen gehen sollten, aber wir bleiben wach, um uns einen Film anzusehen. Wir wissen, wir sollten uns nicht (nochmal) in unseren E-Mail- oder Facebook-Account einloggen, aber wir tun es. Wir wissen, dass wir mit unseren Kindern geduldig sein sollten, aber wir sind es nicht. Der

Schlüssel dazu, tolle Eltern zu sein ist also, nicht nur zu wissen, was man tun sollte, sondern es auch tatsächlich zu *tun*.

Tatsächlich zu tun, was wir wissen, erfordert Mühe und Übung (siehe S. 23). Es ist nicht leicht, aufzustehen und Sport zu machen, wenn wir uns nicht danach fühlen. Wir *wissen*, dass wir Sport machen sollten, und wir wissen auch, wie es geht, aber es ist sehr schwer, uns dazu zu bringen, das auch zu *tun*. Sobald wir aber den Aufwand betrieben haben, uns immer aus dem Bett zu quälen und uns darin üben, regelmäßig zum Sport zu gehen, wird es immer leichter. Deshalb ist gute Erziehung etwas, das wir lernen, üben und verbessern können, auch wenn die Liebe zu unseren Kindern von selbst kommt.

Wenn wir das Glück hatten, bei fähigen Eltern aufgewachsen zu sein, werden wir vermutlich schon eine relativ klare Vorstellung davon haben, was Eltern von tollen Kindern tun. Aber wenn wir, wie viele andere auch, dieses Glück nicht hatten, dann müssen wir Wege finden, diese Fähigkeiten zu erwerben und uns darin zu üben. So werden wir zu liebevollen und großartigen Eltern. Und selbst wenn wir sehr fähige Eltern hatten, können wir unsere Fähigkeiten sicherlich erweitern. Schließlich bringt uns die Forschung immer wieder neue Erkenntnisse über das Verhalten und Denken unserer Kinder.

Erziehung als Fähigkeit zu sehen hilft uns auch, uns selbst weniger zu kritisieren, wenn wir einen Fehler machen. Wir bleiben offen und lernbereit und suchen kontinuierlich neue Informationen und Tipps, um unsere Fähigkeiten auszubauen. Wir müssen also wissen, *was* wir tun sollen und *wie* wir es tun sollen, und dann müssen wir es auch tatsächlich *tun*.

Egal, wie Sie dieses Buch lesen, ob von vorne bis hinten oder nur nach Bedarf bestimmte Stellen, Sie werden vielleicht Betroffenheit oder sogar Angst in Bezug auf Ihre Erziehungsfehler empfinden. Sie werden vielleicht an Situationen zurückdenken und sich wünschen, Sie hätten anders reagiert oder etwas Bestimmtes schon gewusst. Wenn das der Fall ist, dann erinnern Sie sich bitte daran, dass wir alle Fehler machen, dass unsere Kinder belastbar sind und dass wir uns nur verändern können, wenn wir die Veränderung jetzt gleich angehen. Wir entscheiden uns jetzt, in diesem Moment, wie wir auf andere Menschen oder auch Umstände reagieren (siehe S. 186).

Ich möchte mit einer kurzen Anekdote enden, die gut zeigt, was großartige Erziehung für mich bedeutet. Vor etwa fünfzehn Jahren beschlossen mein Mann und ich, einen Welpen zu adoptieren. Keiner von uns hatte zuvor einen Hund gehabt, aber wir sahen andere Hundebesitzer, die Spaß mit ihren Haustieren hatten, und wir beide mögen Hunde. Also gingen wir zu einem Tierheim und brachten einen unglaublich süßen Welpen mit nach Hause. Wir merkten schnell, dass wir bei der Erziehung unseres kleinen Welpen Hilfe brauchten, um mit ihm zurechtzukommen, also meldeten wir uns für eine Hundeschule an.

Wir gingen also zur Hundeschule und freuten uns darauf, unserem Hund Tricks beizubringen und problematisches Verhalten ändern zu können. Es stellte sich heraus, dass es in der Hundeschule weniger um das Training des Hundes ging als vielmehr darum, uns zu trainieren, wie wir mit dem Hund umgehen sollten: wie ein Hund denken, das Verhalten unseres Welpen interpretieren, richtig mit ihm umgehen, sodass er wachsen und lernen kann.

Am wichtigsten war aber, dass wir lernten, dass wir unser Verhalten ändern mussten, um das Verhalten unseres Hundes zu verändern. Das gilt für all unsere Beziehungen. Wir sehen manchmal nur, was unsere Kinder falsch machen, und wollen ihr Verhalten »reparieren«, aber wir vergessen zu oft die Grundprinzipien aller menschlichen Beziehungen.

Beziehungen sind wie ein Tanz. Wenn eine Person ihre Schritte ändert, dann muss die andere Person ihre Schritte auch ändern. Das gilt besonders für den Umgang mit Kindern. Das nächste Mal, wenn Sie sich wünschen, Ihr Kind möge weniger jammern, hören Sie besser zu. Das gilt für alle Lebensbereiche. Denken Sie daran, dass die Veränderung bei Ihnen beginnen muss, wenn Sie Veränderung in Ihrem Kind sehen wollen.

Eltern von tollen Kindern tun das, was sie sagen

Dies ist ein zweifaches Prinzip:

1. Stellen Sie keine Regeln auf, die Sie nicht durchsetzen können oder wollen.
2. Seien Sie konsequent.

Für Kinder ist es wichtig, zu wissen, dass Sie meinen, was Sie sagen. Das stärkt gegenseitiges Vertrauen und Respekt – Ecksteine einer großartigen Eltern-Kind-Beziehung (siehe S. 184).

Wenn Sie Ihrem Kleinkind sagen, dass Sie den Supermarkt verlassen, wenn es noch eine Schachtel aus dem Regal räumt, dann müssen Sie darauf vorbereitet sein, das auch zu tun (siehe S. 137). Wenn Sie Ihrem schreienden Fünfjährigen sagen, dass Sie nicht zum Fußball gehen werden, wenn er sich keine Jacke und keine Schuhe anzieht, dann fällt das Fußballspiel aus. (Aber zuerst müssen Sie sicherstellen, dass Ihr Kind Sie auch wirklich verstanden hat, siehe S. 82).

Durch Ihre Konsequenz vermindern Sie auch den Wunsch Ihres Kindes, Ihre Grenzen auszutesten. Wenn Ihr Kind von Ihnen erwarten kann, dass Sie konsequent das tun, was Sie sagen, Sie also vorhersehbar sind, dann gibt es für das Kind keinen Anlass, das auszutesten. Es muss nicht herausfinden, ob Sie es ernst meinen (siehe S. 96).

Deshalb ist es so wichtig, sich konsequent zu verhalten. Wenn Sie Ihrem Kind versprechen, in fünf Minuten mit der Arbeit aufzuhören und ihm vorzulesen, dann seien Sie auch bereit dazu, nach Ablauf dieser Zeit Ihre Arbeit zu unterbrechen. Tun Sie das nicht oder verlängern die Zeitspanne (»Nur noch ein paar Minuten, Schatz«), dann wird Ihr Kind skeptisch werden, ob Sie das, was Sie sagen, auch wirklich tun.

Probieren Sie es mal so: Achten Sie bewusst darauf, welche Versprechungen Sie Ihrem Kind machen, egal, ob Sie versprechen, etwas gemeinsam zu tun (»Ich spiele mit dir, sobald ich diese E-Mail fertig geschrieben habe«), oder eine Konsequenz für einen Regelverstoß androhen (»Wenn du noch etwas aus dem Regal nimmst, ohne zu fragen, dann verlassen wir den Supermarkt«).

Tun Sie konsequent das, was Sie gesagt haben (oder gestehen Sie ein, dass Sie die Konsequenzen nicht ziehen können, und erklären Sie Ihrem Kind, warum nicht).

Eltern von tollen Kindern tun, was sie wissen

Einer der Schlüssel zu positiven Veränderungen in unserem Leben ist es, nicht nur zu wissen, was zu tun ist, sondern es auch tatsächlich zu tun.

Der Unterschied zwischen Wissen und Tun ist unglaublich wichtig. Wir können zwar meistens nicht »tun«, ohne vorher zu wissen, wie oder was man tun soll, wenn wir es aber wissen und nicht danach handeln, dann verändert sich nichts.

Wir alle haben schon Beispiele dafür erlebt: Wir wissen, dass wir keine ganze Packung Eis essen sollten, aber wir tun es trotzdem. Wir wissen, dass wir regelmäßig trainieren gehen sollten, aber wir tun es nicht. Wir wissen, dass wir unsere Kinder nicht anschreien sollten, aber wir tun es.

Es ist aufwendig und erfordert Übung, das zu tun, was wir wissen. Es ist nicht leicht, aufzustehen und trainieren zu gehen, wenn wir keine Lust darauf haben. Und es ist bestimmt nicht leicht, unsere Kinder nicht mehr anzuschreien, wenn wir das Gefühl haben, dass sie uns nicht zuhören oder respektlos sind.

Oft wissen wir, was wir tun sollten, aber es ist schwer, uns selbst dazu zu bringen, es auch zu tun (oder eben nicht zu tun, wenn wir etwas vermeiden wollen). Manchmal liegt es daran, dass wir nicht wissen, *wie* wir tun sollen, was wir wissen. Manchmal liegt es daran, dass wir nicht konsequent sind. Manchmal liegt es auch daran, dass wir unsere Fähigkeit, unsere Gefühle zu regulieren, noch nicht genug ausgebaut haben (siehe S. 89), sodass unsere Gefühle unsere Handlungen bestimmen (siehe S. 42).

Das Rezept lautet also: Wir müssen wissen, *was* wir tun sollen, *wie* wir es tun sollen, und dann müssen wir auch *tun,* was wir wissen.

Probieren Sie es mal so: Wenn Sie das Gefühl haben, dass Sie Veränderung brauchen, in Ihrem Elterndasein oder allgemein, stellen Sie sich selbst diese Fragen, um festzustellen, worauf Sie achten sollten:

1. Das Was und das Wie kennen: Ist das Problem, dass ich nicht weiß, was ich tun soll, oder weiß ich nur nicht, wie? Wissen Sie zum Beispiel, wie Sie Ihr Kind dazu bringen, sich die Zähne zu putzen, wenn es sich weigert (und Ihr Kind dabei nicht physisch oder psychisch dazu zu zwingen)?
2. Tun Sie es: Verändert sich nichts, weil ich weiß, wie ich es verändern kann, ich dieses Wissen aber nicht anwende? Das passiert oft, weil wir Menschen Gewohnheitstiere sind. Es ist schwer, unser Verhalten in gewohnten Situationen zu verändern. Fragen Sie sich selbst: Was muss passieren, damit ich mein Wissen auch anwende?

Wenn Sie zum Beispiel wissen, wie Sie Ihr Kind dazu bringen, aufmerksam zu sein, ohne zu nörgeln oder zu schreien (dieses Buch wird Ihnen das zeigen), wenden Sie dieses Wissen dann auch an oder reagieren Sie gemäß Ihrer Gewohnheit?

Um es zu sagen wie Henry Ford: Wenn Sie tun, was Sie immer getan haben, bekommen Sie, was Sie immer bekommen haben. Wenn Sie Veränderung wollen, dann müssen Sie etwas Anderes *tun*.

Eltern von tollen Kindern verändern zuerst sich selbst

Als Psychologin arbeite ich mit vielen Eltern, deren Ziel es ist, das Verhalten ihrer Kinder zu verändern, sodass sie nicht mehr jammern, aggressiv sind, Wutausbrüche haben oder eigenwillig sind. Wir sind versucht, das Fehlverhalten unserer Kinder zu sehen und sie zu verändern, aber damit ignorieren wir ein Grundprinzip menschlicher Beziehungen.

Wie ich bereits in der Einleitung erklärt habe, sehe ich Beziehungen wie Tanzen: Wenn eine Person ihre Schritte ändert, dann muss auch die andere Person ihre Schritte ändern. Das gilt besonders für Kinder.

Erinnern Sie sich also daran, dass die Veränderung der Beziehung zu Ihrem Kind (oder anderen Menschen) von Ihnen ausgeht. Wenn Sie wollen, dass sich jemand verändert, verändern Sie zuerst sich selbst.

Wir haben zum Beispiel oft das Gefühl, dass unsere Kinder uns nicht zuhören. Anscheinend müssen wir uns immer wiederholen und manchmal sogar schreien, um ihre Aufmerksamkeit zu bekommen (siehe S. 27). Schreien scheint zu funktionieren. Wenn wir also etwas wirklich wollen, dann wird Schreien zu unserer Notfallstrategie. Wir denken vielleicht: »Ich müsste nicht schreien, wenn er zuhörte.« Aber aus dieser Perspektive übersehen unsere eigene Rolle in dieser Situation.

Vielleicht bringen wir unseren Kindern damit unabsichtlich bei, uns zu ignorieren, bis wir schreien. Warum? Indem wir immer wieder fragen, signalisieren wir unseren Kindern, dass sie nicht zuhören müssen, bis wir aufgeben (»Es war wohl nicht so wichtig«) oder schreien (»Es ist wichtig«). In diesem Fall müssen wir aufhören, uns immer zu wiederholen (Was Sie stattdessen tun können? Blättern Sie zu S. 82, S. 122, S. 129 und S. 181 für Tipps, wie Sie Ihr Kind zum Zuhören bringen).

Probieren Sie es mal so: Denken Sie an ein Verhalten Ihres Kindes, das Sie gerne ändern würden. Achten Sie nun auf Ihre eigene Rolle in dieser Dynamik und fragen Sie sich: Wie trage ich zu dieser Situation/ diesem Verhalten/dieser Reaktion bei?

Wünschen Sie sich, dass Ihr Kind Sie nicht mehr unterbricht? Fragen Sie sich: Höre ich mit dem, was ich tue, auf, um meinem Kind zuzuhören, wenn es mich unterbricht? (Also: Funktioniert es, Sie zu unterbrechen?) (Siehe S. 72)

Wünschen Sie sich, dass Ihr Kind nicht mehr Ihre Grenzen austestet oder gegen Ihre Regeln verstößt? Fragen Sie sich: Bin ich konsequent darin, Regeln aufzustellen und Grenzen zu ziehen? (Siehe S. 137)

Wünschen Sie sich, dass Ihr Kind aufhört zu jammern oder zu schreien? Fragen Sie sich: Setze ich die Unterhaltung mit meinem Kind fort, wenn es jammert oder schreit? Wenn ja, dann signalisieren Sie Ihrem Kind, dass es in Ordnung ist, so zu kommunizieren (siehe S. 67 und S. 110).

Sobald Sie Ihre Rolle im problematischen Verhalten Ihres Kindes identifiziert haben, lenken Sie Ihre Aufmerksamkeit und Ihre Bemühungen darauf, Ihr eigenes Verhalten in diesen Situationen zu verändern. Wenn Sie konsequent, ruhig und entschieden (aber nicht mit Zwang, siehe S. 107 und S. 140) handeln, werden Ihre Kinder ihr Verhalten auch verändern.

Eltern von tollen Kindern denken an das Jetzt und an die Zukunft

Wenn wir gerade dabei sind, das Abendessen zu kochen, und unser Dreijähriger schreit im Nebenzimmer, dass er unsere Hilfe *genau jetzt* braucht, dann ist es leicht, nur den Augenblick (das Jetzt) zu sehen und nicht das Gesamtbild (die Zukunft). In diesem Augenblick scheint es sinnvoll zu sein, hinüberzugehen und ihm zu helfen, sodass er aufhört zu schreien und wir das Abendessen in Ruhe fertig kochen können.

Auch wenn unsere Zehnjährige zu uns kommt, wenn wir gerade etwas zu tun haben, und mit einem großen Seufzer meint: »Mir ist langweilig«, scheint es passend, eine Liste von Aktivitäten aufzusagen, die sie vielleicht interessieren. Und wenn unsere Kinder uns ignorieren, dann scheint Schreien die einzige Möglichkeit zu sein.

In diesen Momenten, in denen wir uns ganz im täglichen Stress des Familienlebens befinden, ist es wichtig, die Langzeiteffekte der Interaktionen mit unseren Kindern im Blick zu haben. Wenn wir zum Beispiel immer das, was wir gerade tun, unterbrechen, wenn Kinder unsere Aufmerksamkeit verlangen, dann zeigen wir ihnen damit, dass ihre Bedürfnisse und Forderungen oberste Priorität haben, und wir nehmen ihnen außerdem die Möglichkeit, sich in Geduld zu üben (siehe S. 93).

Wenn wir aus Gewohnheit immer versuchen, die Gefühle unserer Kinder »zu berichtigen«, auch Langeweile, dann bringen wir ihnen bei, dass manche Gefühle schlecht sind (weil diese Gefühle »berichtigt« werden müssen). Wir nehmen unseren Kindern die Chance, diese Gefühle, die immer wieder aufkommen, zu akzeptieren und zu tolerieren, mit ihnen umzugehen oder sie zu beeinflussen (siehe S. 42, S. 47 und S. 89).

Und wenn wir unsere Kinder immer anschreien, damit sie uns beachten, lehren wir sie, dass sie uns ignorieren können, bis wir schreien, und dass es in Ordnung ist, zu schreien, wenn man Aufmerksamkeit will. Das Schlüsselwort in diesen Beispielen ist »immer«. Erst viele Körner ergeben einen Haufen.

Sich auf das Jetzt und die Zukunft zu konzentrieren bedeutet, dass wir das Gesamtbild unserer Familie im Auge behalten, wenn wir die täglichen Herausforderungen meistern. Es bedeutet, dass wir unsere langfristigen Ziele nicht zugunsten einer schnellen, einfachen Lösung opfern (siehe S. 96).

Probieren Sie es mal so: Achten Sie auf die Dinge, die Sie immer tun und sagen (oder eben nicht tun und sagen). Beobachten Sie sich selbst, als wären Sie ein Betrachter von außen.
Stellen Sie sich selbst diese Fragen zu Ihren Gewohnheiten:

1. Wäre ich froh, wenn meine Kinder das, was ich tue, nachmachten?
2. Trägt das, was ich tue, zu einer positiven Familiendynamik bei?
3. Löst das, was ich tue, zwar ein Problem, schafft aber ein neues?

Stellen Sie sich beispielsweise vor, Sie sind mit Ihrem Vierjährigen einkaufen und er fragt, ob er ein Spielzeugauto, auf das er ein Auge geworfen hat, bekommt. Sie sagen vielleicht: »Nein, Schatz, du brauchst nicht noch ein Spielzeugauto, du hast doch schon so viele.« (Aber beachten Sie auch S. 31 und S. 168, um andere, weniger frustrierende Wege zu finden, das zu vermitteln.) Sie versuchen, das darauf folgende laute, jammernde Schreien zu ignorieren, aber es stört Sie zunehmend. Sie beschließen also, nachzugeben und ihm das Auto zu kaufen, damit er aufhört. Sie erkaufen sich also Ruhe und Frieden zum kleinen Preis? Eher nicht.
Das Spielzeugauto zu kaufen hat ein Problem gelöst (Ihr Kind schreit nicht mehr und Sie können in Ruhe einkaufen), aber es hat ein neues Problem aufgeworfen. Ihr Sohn hat gerade gelernt, dass Jammern (zumindest manchmal) funktioniert. Das bedeutet, dass er das nächste Mal, wenn er Ihre Aufmerksamkeit oder etwas anderes will, jammern wird. Ihre Reaktion hat das bestärkt. Sie haben ihn zwar im Super-

markt beruhigt, aber Sie haben sich kontinuierliches Jammern be-schert (siehe S. 67 und S. 137).

Wenn Ihre Antwort auf die Fragen 1 und 2 »Nein« ist oder auf Frage 3 »Ja«, dann fragen Sie einen Freund der Familie, einen Verwandten oder einen Therapeuten um Rat. So lernen Sie vielleicht neue Arten, auf problematische Situationen zu reagieren.

Eltern von tollen Kindern sehen Erziehung als Fähigkeit

Obwohl es eine der wichtigsten Aufgaben des Menschen ist, Nachwuchs großzuziehen, ist dafür keine besondere Ausbildung vonnöten. Jede andere Aufgabe, jeder Beruf erfordert eine Ausbildung, um gewisse Fertigkeiten zu erwerben und zu üben. Und in diesen Berufen muss es nicht einmal um das emotionale, psychische Wohlbefinden anderer Menschen gehen.

Wie beinahe alles, was wir tun, ist auch Erziehung eine Fertigkeit und es gibt umfangreiche Forschungen, die uns dabei unterstützen, diese Fertigkeit auszubauen. Und zwar mit mehr Selbstbewusstsein, weniger Stress und besseren Ergebnissen.

Wenn wir Erziehung als Fertigkeit wahrnehmen, dann machen wir uns auch weniger Vorwürfe, wenn wir Fehler machen. Wir behalten eine offene Einstellung, um mehr zu lernen und besser zu werden, ständig neue Informationen zu sammeln und zu üben, sodass wir in dieser Fertigkeit besser werden.

Probieren Sie es mal so: Erkennen Sie Ihre Herausforderungen (Ihre Kinder werden dabei helfen!) und suchen Sie neue Informationen und Werkzeuge, um Ihre Fertigkeiten auszubauen (siehe S. 23).
Wenn Sie Fehler machen, bewerten Sie diese nicht zu streng (»Ich bin eine schlechte Mutter/ein schlechter Vater!«) und sehen Sie Ihre Fehler als Hinweise auf ein Gebiet, auf dem Sie noch mehr lernen und üben können.

Eltern von tollen Kindern zeigen Empathie

Empathie ist vielleicht das beste Werkzeug, das Eltern besitzen und das immer verfügbar ist. Wenn Sie nicht wissen, was Sie tun sollen, versuchen Sie es mit Empathie. Die Kraft der Empathie liegt darin, dass andere sich verstanden fühlen und sich andere Probleme, negative Situationen und Machtspiele in Luft auflösen.[2]

Empathie nutzt die Macht unserer Gefühle, die allzu oft unser logisches Denken übernehmen. Deshalb hilft Empathie oft da, wo logisches Denken nicht mehr weiterführt (siehe S. 127).

Wenn wir uns in Empathie üben, dann respektieren wir die Gefühle und die Realität unserer Kinder (die sich oft von unserer unterscheidet, siehe S. 34). Wir zeigen, dass wir wirklich zuhören und ihre Sicht verstehen (oder es zumindest versuchen).

Empathie hat die Kraft, Machtkämpfe abzumildern (siehe S. 158). Und wir entwickeln durch sie einen sicheren Ort für unsere Kinder, an dem Erfahrungen mit negativen Gefühlen wie Enttäuschung und Zurückweisung machen können.

Beachten Sie dabei, dass Empathie *nicht* bedeutet, dass Sie die Situation irgendwie verändern müssen. Das ist ganz wichtig. Wenn Sie zum Beispiel der Frustration Ihres Sohnes darüber, dass er im Auto den unangenehmen Gurt anlegen muss, mit Empathie begegnen, dann zeigen Sie Verständnis, ohne den Gurt zu lösen. Sie zeigen lediglich ehrliches Verständnis für seine Gefühle und Empfindungen (siehe S. 89).

Probieren Sie es mal so: Wenn Sie das nächste Mal vor einer Herausforderung stehen, versuchen Sie es mit Empathie und konzentrieren Sie sich auf Gefühle. Sie werden sehen, dass es funktioniert (auch mit Erwachsenen).

Nehmen wir an, Ihr Kind ist frustriert, weil es sein Zimmer aufräumen muss, bevor es zu einem Freund gehen darf. Statt es daran zu erinnern, warum es das tun muss (also zu argumentieren), zeigen Sie ehrliches Verständnis für diese Gefühle. Wir alle kennen das Gefühl, wenn wir nicht das tun können, was wir wollen.

»Ich weiß, dass es dich ärgert, dass du noch nicht zu Tim gehen kannst. Und ich weiß, warum du frustriert bist (Gefühle ansprechen). *Ich mag es auch nicht, wenn ich auf etwas warten muss, worauf ich mich freue«* (Gefühle anerkennen).

Beachten Sie, dass Empathie die stärkste Wirkung zeigt, wenn wir ein wirkliches Verständnis für die Situation unseres Kindes zeigen. Zu sagen »Ich verstehe das« oder »Ich kenne das« ist ein guter Schritt in die richtige Richtung, aber nicht so wirkungsvoll, wie wirkliches Verständnis zu zeigen.

Zum Beispiel: *»Ich verstehe, warum du wütend und enttäuscht bist. Ich habe dir gestern versprochen, dass wir heute schwimmen gehen. Aber dann habe ich dich zu spät abgeholt, sodass wir nicht mehr gehen konnten. Du hast dich den ganzen Tag darauf gefreut und dann ist es nicht passiert.«*

Zusätzlich dazu, dass wir unseren Kindern durch Empathie das Gefühl geben, verstanden zu werden, zeigen wir Ihnen so auch, wie sie sich in andere Menschen hineinfühlen können. Das ist eine unglaublich wichtige Fähigkeit, die Ihrem Kind helfen wird, bessere Beziehungen aufzubauen und dadurch mehr Glück und Erfolg zu finden.

Sie können Ihr Kind zum Beispiel fragen: *»Wie glaubst du, hat ___ sich gefühlt, als das passiert ist/als du das getan hast?«* Sie können auch Ihre eigenen Gefühle reflektieren: *»Wenn ich dich immer dazu auffordern muss, mir zu helfen, den Tisch abzuräumen, dann bin ich frustriert. Denn ich habe das Gefühl, dass die Zeit, die ich damit verbringe, zu kochen, nicht wertgeschätzt wird.«*

Eltern von tollen Kindern halten nach »aber« Ausschau

Empathie (siehe S. 31) ist eine gute Möglichkeit, unsere emotionale Verbindung und Beziehung zu unserem Kind zu stärken. Doch all unsere Bemühungen können durch das kleine Wörtchen »aber« zunichte gemacht werden.

Lassen Sie mich durch ein Beispiel aus (S. 31) zeigen, was ich meine: *»Ich weiß, dass es dich ärgert, dass du noch nicht zu Tim gehen kannst. Und ich weiß, warum du frustriert bist. Ich mag es auch nicht, wenn ich auf etwas warten muss, worauf ich mich freue.«*

So weit, so gut. Aber oft kommt dann: *»Aber du weißt, dass du dein Zimmer aufräumen musst, wenn du zu Tim gehen willst.«*

»Aber« ist ein negatives Wort. Wenn es auf einen Ausdruck von Empathie folgt (zum Beispiel: »Ich verstehe, warum du traurig bist, *aber*…«), dann reduziert es den empathischen Effekt. Dieses kleine Wort kann jegliche emotionale Verbindung, die Sie aufbauen wollen, zunichtemachen und den Konflikt verstärken.

Probieren Sie es mal so: Anstatt »aber« zu sagen, wenn Sie Ihrem Kind Verständnis vermitteln wollen, sagen Sie lieber »allerdings« (»und« und »auch« funktionieren ebenfalls gut). Wenn Sie »allerdings« sagen, vermitteln Sie sowohl ein Verständnis für die Situation Ihres Kindes als auch für Ihre eigene. So müssen Sie nicht entscheiden, welche Sichtweise »besser« oder »richtig« ist.

»Ich weiß, dass es dich ärgert, dass du noch nicht zu Tim gehen kannst. Und ich weiß, warum du frustriert bist. Ich mag es auch nicht, wenn ich auf etwas warten muss, worauf ich mich freue. Allerdings haben wir die Familienregel aufgestellt, dass das Zimmer aufgeräumt sein muss, wenn du zu Tim gehen willst.«

Es ist dieselbe Aussage mit weniger Konfliktpotenzial. (In (S. 168) finden Sie noch weitere Möglichkeiten, mit Ihren Worten Veränderung herbeizuführen.)

Eltern von tollen Kindern respektieren die Realität Ihres Kindes

Die Realität Ihres Kindes zu respektieren klingt zunächst einfach. Aber Sie werden merken, dass seine Realität sich drastisch von Ihrer unterscheidet. Die Realität eines Kindes zu respektieren bedeutet, ein Kind auf seine Art und Weise fühlen, denken und wahrnehmen zu lassen. Dafür ist Empathie besonders wichtig (S. 31).

Genauso wie wir »Übererziehen« bemerken, wir im Allgemeinen auch nicht, wenn wir die Realität unseres Kindes nicht respektieren. Wir müssen bewusst darauf achtgeben (S. 58), damit wir sehen, auf welche Arten und Weisen wir unabsichtlich die Perspektiven und Gefühle unserer Kinder infrage stellen oder missachten.

Hier eine Situation, die ich vor ein paar Jahren beobachtet habe, die einen kleinen Ausschnitt dieses Problems zeigt: Ein Vater holte seine Tochter von einem Ausflug ab. Als er kam, spielte sie gerade mit ihren Freunden. Als er ihr sagte, dass es Zeit sei, zu gehen, antwortete sie: »Ich will noch nicht gehen. Ich hab gerade Spaß.« Ihr Vater antwortete: »Aber du bist doch schon den ganzen Tag hier. Du hattest doch genug Spaß.« Sie wurde traurig und protestierte. Sie war noch nicht bereit, nach Hause zu gehen. Dieser Austausch ging noch ein paar Mal hin und her, bis der Vater den Arm seiner Tochter nahm und sie zum Auto führte.

Eine wesentlich bessere Möglichkeit, mit dieser Situation umzugehen, wäre Empathie gewesen. Hätte der Vater empathisch reagiert, hätte er vielleicht geantwortet: »*Schatz, ich sehe, dass du gerade viel Spaß hast und noch nicht gehen willst* (Empathie). *Und das tut mir leid. Allerdings haben wir ausgemacht, dass wir uns mit Mama zum Abendessen treffen, und es wäre unhöflich, zu spät zu kommen* (Grund, siehe S. 120). *Bitte verabschiede dich von deinen Freunden und hol deine Sachen* (Bitte).«

Hier ist noch ein Beispiel dafür, wie wir unabsichtlich über die Realität unserer Kinder hinwegsehen, wodurch Konflikte entstehen, die wir eigentlich vermeiden wollten:

Ein Kind, das gerade die erste Klasse besucht, hat Probleme bei den Matheaufgaben. Es ist frustriert und sagt: »Ich kann das nicht.« Obwohl Sie es gut meinen, sagen Sie vielleicht: »Natürlich kannst du das. Komm her, ich zeige dir, wie es geht.«

Sie versuchen, Ihr Kind zu motivieren, indem Sie sagen, dass es das Problem lösen kann. Obwohl Sie versuchen, Ihrem Kind Gutes zu tun, sagen Sie im Prinzip, dass es seine Situation falsch wahrnimmt. Sie bestreiten die Realität Ihres Kindes.

Seltsamerweise führt diese Antwort bei Kindern häufig dazu, dass sie noch vehementer daran glauben, es nicht zu können. Die Situation ist eskaliert, denn es geht nicht mehr nur um Frustration über Hausaufgaben, sondern um Frustration/Wut/Traurigkeit darüber, nicht verstanden zu werden.

Sie könnten diese Situation mit Empathie meistern. *»Ich sehe, dass die Aufgaben sehr kompliziert sind und dir gerade schwerfallen* (Empathie). *Wie wäre es mit einer Umarmung* (oder einer anderen positiven Berührung, siehe S. 62)*? In Ordnung, zeig mir doch mal, was dir Probleme macht. Vielleicht finden wir ja eine andere Möglichkeit, das Problem anzugehen* (begleiten, siehe S. 118). *Jetzt gerade scheint Mathe dir ein wenig schwerzufallen* (Zuschreibungen vermeiden, siehe S. 114)*, allerdings glaube ich daran, dass du eine Lösung finden kannst.«*

Achten Sie in diesem Beispiel vor allem auf den kleinen Unterschied zwischen »Ich glaube, dass du es kannst« und »Du kannst das«. Die erste Aussage ist eine Meinung, die zweite bringt eine Tatsache zum Ausdruck, die im Gegensatz zur Erfahrung Ihres Kindes steht.

Probieren Sie es mal so: Halten Sie nach Möglichkeiten, die Realität Ihres Kindes wahrzunehmen und zu stärken, Ausschau. Lassen Sie Ihre Kinder ihre eigene Perspektiven und Gefühle haben, auch wenn Sie diese nicht verstehen.

Wenn Sie der Sicht Ihres Kindes widersprechen wollen, tun Sie das auf eine Weise, die Ihrem Kind vermittelt, dass seine Perspektive wichtig ist. Sie sollten Ihren Widerspruch nicht als Tatsache vermitteln. Vergleichen Sie diese zwei hypothetischen Antworten auf die Aussage »Dieser Park ist langweilig. Ich mag ihn nicht«.

- *Nein, das ist er nicht. Der Park ist wirklich lustig, er ist genauso wie der Park, in dem wir sonst immer gehen.*
- *Du findest den Park langweilig, ich nicht. Ich schätze, unterschiedliche Menschen mögen einfach unterschiedliche Dinge.*

Die zweite Antwort erlaubt unterschiedliche Meinungen, die erste erlaubt nur eine »richtige« Meinung, nämlich Ihre eigene.

Oder wenn Ihr Kind wegen etwas traurig ist, sagen Sie: »Du bist gerade sehr traurig, oder?«, statt: »Wein doch nicht« oder: »Es ist doch alles okay!« (diese Aussagen verneinen die Perspektive des Kindes auf die Situation).

Eltern von tollen Kindern akzeptieren Ihre Kinder so wie sie sind

Unsere Kinder so zu akzeptieren, wie sie sind, ist nicht dasselbe, wie sie zu lieben. Viele Eltern lieben ihre Kinder zwar, schämen sich aber für sie oder lehnen sie ab, weil sie bestimmte Dinge mögen, wollen oder denken.

»Akzeptanz« schließt natürlich Liebe mit ein, aber sie ist schwerer als Liebe. Sie könnten es auch uneingeschränkte Liebe nennen.

Ihr Kind so zu akzeptieren, wie es ist, bedeutet aber nicht, dass Sie sein Verhalten mögen oder bestärken müssen. Das ist ein wichtiger Unterschied. Wenn Sie Ihr Kind akzeptieren, dann lieben und akzeptieren Sie es, wie es ist, lieben aber nicht zwangsläufig, was es tut. Sie müssen das Kind als Individuum und sein Verhalten klar unterscheiden (siehe S. 42). (Ich verwende den Begriff »Verhalten« für alle Handlungen, die andere wahrnehmen, Reden mit inbegriffen. In diesem Zusammenhang bedeutet »Verhalten« alles, was wir tun und sagen.)

Die Unterscheidung zwischen der Person und ihrem Verhalten ebnet den Weg zu größerer Klarheit darüber, was wichtig ist und was nicht. Das Selbst Ihres Kindes – seine Gefühle und Gedanken – sind wichtig und Ihr Ziel sollte es sein, es zu verstehen und zu akzeptieren. Wenn Sie versuchen, die Gefühle oder Gedanken Ihres Kindes zu verändern, wird dieses Vorhaben nicht nur aller Wahrscheinlichkeit nach scheitern, sondern Sie zerstören auch die Bindung zu Ihrem Kind.

Auf der anderen Seite gelten für das Verhalten Ihres Kindes, für das, was es sagt und tut, klare Regeln, an die es sich halten muss.

Die Grundregel? Arbeiten Sie ruhig auf eine Veränderung des Verhaltens Ihres Kindes hin, aber versuchen Sie nicht, die Gefühle und Gedanken zu verändern (siehe S. 42).

Probieren Sie es mal so: Unterscheiden Sie klar zwischen den Gefühlen/Gedanken Ihres Kindes und seinem Verhalten. Wenn Ihr Kind Ihnen beispielsweise unter vier Augen sagt, dass es sich wünscht, sein Bruder wäre nie geboren worden, dann sind Sie vielleicht versucht, es zu maßregeln. Aber das würde die Gefühle Ihres Kindes nicht verändern. Es könnte jedoch dazu führen, dass Ihr Kind seine Gedanken und Gefühle nicht mehr mit Ihnen teilt.

Versuchen Sie also stattdessen, Neugier zu zeigen. *»Schatz, wieso denn?«* (Die Antwort hilft Ihnen vielleicht dabei, Möglichkeiten zu finden, die Bindung zwischen Ihren Kindern fördern können.) Und scheuen Sie sich nicht davor, Ihre Gefühle über das Gesagte mit Ihrem Kind zu teilen (siehe S. 53), solange Sie dabei nicht versuchen, an das schlechte Gewissen Ihres Kindes zu appellieren (siehe S. 39).

»Ich wusste nicht, dass du so für deinen Bruder empfindest. Danke, dass du mir das gesagt hast, auch wenn es mich traurig macht, das zu hören.«

Wenn Sie hingegen sehen, dass Ihr Kind sich seinem Bruder gegenüber negativ *verhält*, dann zögern Sie nicht, Ihrem Kind zu sagen, dass Sie dieses Verhalten nicht akzeptieren. Aber bis diese Gefühle zu Handlungen werden, sind sie nur Gefühle (siehe S. 62).

Eltern von tollen Kindern vermeiden negative Phrasen

Haben Sie jemals einen der folgenden Sätze gesagt?

- *»Du machst mich wahnsinnig!«*
- *»Was stimmt mit dir nicht?«*
- *»Mädchen/Jungen tun so etwas nicht!«*
- *»Du tust jetzt besser, was ich sage, sonst setzt es was!«*

Sie versuchen verzweifelt, die Kinder für die Schule vorzubereiten oder Abendessen zu kochen, und in solchen Momenten sagen Sie etwas, ohne daran zu denken, was das Gesagte über lange Zeit bei Ihrem Kind auslöst (siehe S. 27).

Es kann unglaublich schwer sein, in solchen Momenten die richtigen Worte zu finden. Wir müssen uns aber vor Augen halten, dass unsere Worte etwas in unseren Kindern auslösen. Besonders, wenn wir so etwas regelmäßig sagen. Wenn Sie Ihre Kinder immer wieder so kritisieren, zerstören Sie die Bindung zu Ihrem Kind.

Eltern von tollen Kindern versuchen daher, sowohl mit ihren Worten als auch mit ihrer Haltung zu vermitteln, dass sie ihre Kinder so lieben und akzeptieren, wie sie sind. Auch wenn sie mit dem Verhalten ihrer Kinder (also mit dem, was sie sagen und tun) nicht zufrieden sind.

Ich nenne es das Prinzip, Kinder von ihrem Verhalten zu trennen (siehe S. 37). Wenn wir das schaffen, dann behalten wir eine starke emotionale Bindung zu unseren Kindern (S. 107), selbst wenn wir sie für ihr Verhalten maßregeln. Dieses Prinzip ist eng verbunden mit der Idee, dass sich Kinder für ihr Verhalten entscheiden (S. 42) und sich verändern können (S. 101).

Das Problem bei den vorhin aufgelisteten Aussagen ist, dass sie Schuld zuweisen, Scham hervorrufen und Angst schüren, um ein gewisses Verhalten zu erzielen. Stattdessen sollten Sie autoritativ (S. 105) und sachlich (S. 140), mit guten Gründen (S. 120), Empathie (S. 31) und

Proben (S. 181) ein bestimmtes Verhalten einfordern. Damit behalten Sie Ihr Kind als eigenständiges Lebewesen im Blick und heben nicht nur negative Aspekte hervor.

In beinahe jeder Situation ist das Hauptproblem etwas, das das Kind getan oder gesagt hat (also das, was ich Verhalten nenne). Schuldzuweisungen, Schamgefühle und Angst werden Ihnen in der Zukunft Probleme bereiten, denn sie sprechen nicht das eigentliche Problem, das Verhalten, an, sondern bedeuten, dass das Kind selbst das Problem ist. So fühlt sich Ihr Kind immer schlecht.

Worte, die Schuld zuweisen (»Du machst mich wahnsinnig!«), zeigen Ihrem Kind, dass es für die negative Situation verantwortlich ist, dass es das Problem ist. Stattdessen sollten Sie sich bewusst machen, dass jede Situation aus vielen komplexen Faktoren erwächst, auch aus Ihren eigenen Wahrnehmungen, Gefühle, Stimmungen und Erwartungen.

Aussagen, die Scham hervorrufen (»Was stimmt mit dir nicht?«), vermitteln Ihrem Kind, dass es fehlerhaft ist. Sie wissen aber nicht, was sie besser machen könnten.

Mit Aussagen, die Angst schüren, zeigen Sie Ihrem Kind, dass Aggressionen und Einschüchterungen eine Möglichkeit sind, zu bekommen, was man will (wenn Sie es tun, warum dann nicht auch Ihre Kinder?).

Denken Sie auch daran, dass negatives Verhalten oft nur ein Experiment Ihres Kindes ist (S. 96) oder eine schlechte Methode, ein Ziel zu erreichen (S. 67).

Stattdessen können wir unseren Kindern beibringen, dass Verhalten eine Entscheidung ist, und ihnen Empathie zeigen, sodass sie bessere Entscheidungen treffen können. Eine schlechte Entscheidung oder negatives Verhalten bedeutet nicht, dass Ihre Kinder schlechte Menschen sind, sondern nur, dass sie einen Fehler gemacht haben und Übung benötigen (siehe S. 118 und S. 181), um es besser zu machen.

Probieren Sie es mal so: Probieren Sie eine der folgenden Aussagen aus und stellen Sie sicher, dass Sie ihrem Kind auch erklären, warum sein Verhalten problematisch ist. Besprechen (und üben Sie dann), was Ihr Kind anders machen könnte.

- *»Ich mag dieses Verhalten nicht.«*
- *»Ich mag es nicht, wenn du ___, weil ___.«*
- *»Es ist nicht in Ordnung, zu ___, weil ___.«*

Wenn Sie zum Beispiel ins Wohnzimmer gehen und sehen, dass Ihr sechsjähriges Kind ein Loch in ein Kissen geschnitten hat, sind Sie vielleicht versucht, zu fragen, was mit Ihrem Kind nicht stimmt. Stattdessen sollten Sie daran denken, dass das Verhalten Ihres Kindes fast immer nur ein Versuch ist, ein Bedürfnis zu befriedigen, beispielsweise nach Ihrer Aufmerksamkeit oder danach, Informationen zu erhalten (*Was passiert, wenn ich das tue?*) oder sich kreativ auszuleben (*Das könnte lustig sein*).

Halten Sie inne, atmen Sie tief ein und sagen Sie etwas, das sich auf das Verhalten Ihres Kindes statt auf die Persönlichkeit bezieht, zum Beispiel: *»Es ist nicht in Ordnung, etwas kaputt zu machen, das dir nicht gehört. Ich bin wirklich wütend* (eigene Gefühle akzeptieren, S. 53). *Ich verstehe, dass es Spaß macht, die Schere auszuprobieren* (Empathie). *Diese Kissen gehören mir und können nicht mehr repariert werden* (Grund). *Warum hast du die Kissen zerschnitten* (das Ziel/Bedürfnis verstehen)?«

Wenn Sie das Ziel Ihres Kindes verstehen, können Sie Alternativen anbieten (siehe S. 69) oder, falls es notwendig sein sollte, Ihr Kind warnen (siehe S. 122).

Beachten Sie auch: Sie sollten nicht nur verbal vermitteln, dass es Ihnen um das Verhalten und nicht um Ihr Kind an sich geht, sondern auch nonverbal – Körpersprache, Stimmlage und Gesten sind machtvoll. Sie können die Bedeutung Ihrer Worte verändern (siehe S. 85).

Eltern von tollen Kindern lehren ihre Kinder, Gefühle zu empfinden und bewusst zu handeln

Gefühle sind, was sie sind. Egal, wie sehr wir es versuchen, wir können unsere Gefühle nicht ändern oder kontrollieren. (Denken Sie nur daran, wie oft Sie Ihre Gefühle verändert haben, nur weil jemand meinte, Sie sollten sich zusammenreißen.) Wir können unsere Gefühle aber bewusst wahrnehmen, akzeptieren und verstehen, dass sie sich wieder verändern werden. Das ist es, was Gefühle tun, sie verändern sich (und wir können ihnen dabei helfen, siehe S. 89).

Handeln unterliegt hingegen unserer Kontrolle.

Handeln ist immer mit einer *Entscheidung* verbunden, auch wenn wir es manchmal mit unseren Gefühlen entschuldigen (»Ich war einfach so wütend«) oder die Schuld anderen zuschieben (»DU hast mich so wütend gemacht«).

Auch wenn wir von Gefühlen überwältigt werden, haben wir immer die Möglichkeit, kurz in uns zu gehen und eine Entscheidung darüber zu treffen, wie wir der Situation *begegnen*. Wir müssen das, was wir uns denken, nicht *aussprechen* und wir müssen nicht auf Situationen *reagieren*.

Unsere Gefühle versuchen uns dazu zu verleiten, zu schreien oder sarkastisch zu sein, aber wir können uns bewusst dagegen entscheiden. Stattdessen entscheiden wir uns, mit einer Situation konstruktiv und ruhig umzugehen.

Wenn wir aber von einem Gefühl überwältigt sind, dann ist unsere Fähigkeit, kreativ über bessere und ruhigere Möglichkeiten nachzudenken, eingeschränkt (siehe S. 127). Deshalb ist es hilfreich, über alternative Möglichkeiten nachzudenken oder sie vielleicht sogar zu planen, wenn wir uns ruhig und glücklich fühlen (siehe S. 181).

Eltern von tollen Kindern helfen ihren Kindern dabei, ihre Gefühle zu verstehen und ihre Handlungen bewusst zu setzen, also mit Situationen umzugehen, statt auf sie zu reagieren. Eltern von tollen Kindern sind außerdem ein Vorbild für ihre Kinder. Sagen und zeigen Sie Ihren Kindern, dass es in Ordnung ist, Gefühle zu haben und auszuleben, dass es aber nicht in Ordnung oder konstruktiv ist, sich von diesen Gefühlen hinreißen zu lassen (indem wir schreien, etwas hinschmeißen oder eine Situation vermeiden).

Tipp (S. 89) geht genauer darauf ein, wie wir unseren Kindern dieses Prinzip näherbringen können.

Probieren Sie es mal so: Ich gebe Ihnen ein Beispiel, um dieses Prinzip zu illustrieren. Stellen Sie sich vor, Ihre Tochter kommt zu spät nach Hause. Sie haben sie bereits gewarnt (siehe S. 122), dass sie nächstes Wochenende nicht ausgehen darf, wenn sie zu spät nach Hause kommt. In diesem Fall würde das bedeuten, dass Ihre Tochter nicht zur Übernachtungsparty ihrer besten Freundin gehen kann. Ihre Tochter ist frustriert und schreit: »Ich hasse dich! Du bist eine furchtbare Mutter!«
Der Konflikt eskaliert, wenn Sie Ihre Tochter schlagen, zurückschreien (»Wie kannst du es wagen!«) oder ihr Vorwürfe machen (»Das ist allein deine Schuld!«). Stattdessen antworten Sie ruhig und bestimmt (siehe S. 140): *»Schatz, ich verstehe, dass du traurig bist und dir wünschst, dass das nicht passiert wäre. Wenn ich an deiner Stelle wäre, wäre ich auch enttäuscht, dass ich nicht zu Debbys Party gehen kann* (Empathie; S. 31).«
»Es ist in Ordnung, dass du wütend auf mich bist, sogar, dass du mich gerade hasst (Gefühle anerkennen). *Gleichzeitig ist es nicht in Ordnung, so etwas zu sagen* (Handlungen bewusst setzen). *Es ist in Ordnung, diese Gefühle zu haben und so etwas zu denken, aber es auszusprechen, ist respektlos und tut weh* (Grund). *Lass uns das morgen Früh besprechen, wenn wir eine Nacht darüber geschlafen haben* (die Interaktion abbrechen, siehe S. 177).« Dann lassen Sie das Thema sein.

Wenn Ihr Kind versucht, Sie wieder ins Gespräch zu zwingen (»Du hörst nie zu!«, »Ich bin dir doch egal!« usw.), wiederholen Sie ruhig und bestimmt, was Sie soeben gesagt haben, dass Sie mit Ihrer Tochter darüber sprechen, wenn alle Beteiligten sich beruhigt haben. Lassen Sie sich nicht provozieren, das Gespräch wieder aufzunehmen, wiederholen Sie einfach: *»Wir besprechen das morgen früh, wenn wir uns beruhigt haben.«*

Eltern von tollen Kindern sind nicht perfekt

Alle Eltern machen Fehler. Das ist Teil des Prozesses und auch Teil des Menschseins. Ich habe noch nie ein Elternteil getroffen, mich selbst eingeschlossen, das noch nie einen Fehler gemacht hat.

Selbst wenn wir unsere Fähigkeiten als Eltern ausgebaut haben (siehe S. 30), passieren Fehler. Dafür gibt es zwei Gründe:

1. Wir passen nicht auf (siehe S. 58). Wir haben zum Beispiel nicht darauf geachtet, dass unsere Wut in uns gewachsen ist und wir kurz davor sind, zu explodieren. Dann schreien wir. Oder wir bemerken nicht, dass unser Kind jammert, um etwas zu bekommen, und geben ihm, was es will (siehe S. 72).
2. Wir handeln nicht nach unserem Wissen (siehe S. 23). Wir wissen beispielsweise, dass wir konsequent sein müssen (siehe S. 137), aber wir sind zu müde.

Eltern von tollen Kindern übernehmen Verantwortung für ihre Fehler und entschuldigen sich bei ihren Kindern, wenn es angebracht ist. Das ist auch ein ausgezeichnetes Mittel, unseren Kindern beizubringen, was zu tun ist, wenn man einen Fehler gemacht hat.

Wenn Sie sich aber immer wieder für die gleichen Dinge entschuldigen, wird Ihre Entschuldigung auf Dauer entwertet. Versuchen Sie in diesem Fall, sich professionelle Hilfe zu suchen, um Ihr problematisches Verhalten zu verstehen und zu verändern.

Eltern von tollen Kindern wissen, dass eine Entschuldigung ihre Autorität nicht untergräbt, sondern vielmehr ihr Selbstbewusstsein, ihre Verantwortung und ihre Rechtschaffenheit zum Ausdruck bringt.

Denken Sie außerdem daran, dass kleine Fehler meistens keine weltbewegenden Folgen für Ihr Kind haben werden. Studien zeigen, dass Eltern nur einen teilweisen Einfluss darauf haben, wie Kinder sich als Erwachsene verhalten und wie sie sind.[3]

Verantwortung für unsere Fehler zu übernehmen setzt voraus, dass wir uns unserer selbst bewusst sind (siehe S. 60) und unsere Gefühle und Stimmungen im Griff haben (siehe S. 53). Sie werden überrascht sein, wie schnell Ihre Kinder Ihrem Beispiel folgen werden.

Probieren Sie es mal so: Das nächste Mal, wenn Sie etwas tun, das nicht zu Ihren Werten oder Standards passt (Sie also zum Beispiel die Geduld verlieren und mit Ihren Kindern schreien), nehmen Sie sich die Zeit, die Sie brauchen, um sich zu beruhigen, und sagen Sie: *»Es tut mir leid, dass ich vorhin mit dir geschrien habe. Ich hatte heute einen schwierigen Tag in der Arbeit und daher wenig Geduld. Es war trotzdem nicht in Ordnung von mir, mit dir zu schreien, und das tut mir wirklich leid.«*

Eltern von tollen Kindern erlauben ihren Kindern, Fehler zu machen

Seien Sie der Trainer Ihrer Kinder. Lassen Sie Ihre Kinder die Spieler sein.

Was ich als »übererziehen« bezeichne, kann viele Formen annehmen: die Hausaufgaben Ihres Kindes zu machen, Ihrem fünf Jahre alten Kind den Regenmantel in den Kindergarten zu bringen, nachdem es ihn (schon wieder) vergessen hat, den Müll Ihres Kindes zu nehmen, wenn es nach dem Pausenbrot wieder spielen will. Das Prinzip ist, dass Sie etwas für Ihre Kinder tun, das sie auch selbst tun könnten und sollten.

Wenn Sie Ihrem Kind immer den Regenmantel (oder die Hausaufgaben, das Mittagessen, was auch immer) nachbringen, wird Ihr Kind nie die unangenehme Erfahrung machen, ohne den Regenmantel (oder die Hausaufgaben, das Mittagessen) auskommen zu müssen. Das wird Ihr Kind dazu motivieren, selbst an diese Dinge zu denken.

Wenn Sie Ihr Kind immer daran erinnern, dass es seine Hausaufgaben machen muss, um keine schlechten Noten zu bekommen, ist das vielleicht auf kurze Sicht gut. Auf lange Sicht aber schaden Sie Ihrem Kind, denn es lernt nicht, für sich selbst Verantwortung zu übernehmen und wichtige Fähigkeiten wie Zeitplanung zu erwerben (siehe auch S. 27 und S. 118).

Eltern übererziehen oft, ohne es zu merken. Teilweise tun Sie es, weil sie viel zu tun haben und einfach nur mit allem fertig werden wollen. Oder sie tun es, weil sie es schneller und besser als ihre Kinder erledigen können oder weil sie ihren Kindern etwas Gutes tun wollen.

Fehler zu machen und die Konsequenzen zu tragen gehört aber zum Leben dazu. Sie geben unseren Kindern die Möglichkeit, zu lernen, wie sie es besser machen können, und sie erwerben neue Fähigkeiten. Natürlich wollen Eltern nicht, dass ihre Kinder negative Erfahrungen machen, aber wir nehmen unseren Kindern damit unzählige Möglichkeiten, zu lernen.

Wir vermeiden in diesem Moment vielleicht eine Unannehmlichkeit (für unsere Kinder und uns selbst), nehmen ihnen aber auf lange Sicht Chancen. Kinder sollten solche Situationen erleben, um in einem sicheren, familiären Umfeld Fähigkeiten zu erwerben, die sie für ihr Leben brauchen werden.

Noch ein großer Nachteil des Übererziehens: Es fördert Machtstrukturen. Denken Sie an das Beispiel, bei dem die Kinder an ihre Hausaufgaben erinnert werden. Wenn Sie Ihre Kinder immer und immer wieder daran erinnern und die Erledigung der Hausaufgaben schließlich einfordern, werden Ihre Kinder auf Dauer faul sein und sich aktiv dagegen entscheiden. Es entsteht eine Art Machtspiel. Das ist für alle Beteiligten unangenehm.

Ich möchte aber darauf hinweisen, dass ich damit nicht sagen möchte, dass Sie Ihren Kindern niemals helfen oder etwas für sie tun sollten. Anderen zu helfen und ihnen Gutes zu tun sind wichtige Werte in einer Familie. Sie sollten sich aber fragen, was Sie immer wieder für Ihre Kinder tun und ob es nicht besser wäre, wenn Ihre Kinder lernten, das für sich selbst zu tun. Selbstbewusstsein und Selbstwert entwickeln sich durch das Gefühl, Neues zu lernen. Dies ist untrennbar mit Fehlern, aus denen wir lernen, verbunden.

Probieren Sie es mal so: Achten Sie darauf, was Sie für Ihre Kinder tun, und fragen Sie sich:

- Warum tue ich das?
- Können meine Kinder das auch selbst tun (das gilt auch für Aufgaben im Haushalt!)?
- Was würde passieren, wenn ich ihnen das nicht abnähme?

Lassen Sie Ihre Kinder wissen, dass Sie bestimmte Dinge nicht mehr für sie tun werden.

»Ich habe bemerkt, dass ich dich jeden Abend an deine Hausaufgaben erinnere (Selbstbewusstsein, siehe S. 60). Ich glaube, dass du dich auch

gut selbst daran erinnern kannst (Vertrauensbonus, siehe S. 101*), also werde ich dich nicht mehr daran erinnern* (Warnung, siehe S. 122). *Wenn du sie vergisst oder sie nicht machst, dann ist das deine Entscheidung* (Autonomie). *Wenn du regelmäßig deine Hausaufgaben vergisst, dann könnten deine Noten darunter leiden* (Konsequenzen aufzeigen, siehe S. 99 und S. 129). *Wenn du Hilfe bei deinen Hausaufgaben brauchst, dann kannst du gern zu mir kommen und ich helfe dir.«*

Aber was sollen Sie tun, wenn Ihr Kind auf diese Erinnerungen angewiesen ist (siehe S. 118)?

Es kann uns schwerfallen, unseren Kindern bei manchen Dingen nicht zu helfen und sie damit die Folgen ihres Handelns tragen zu lassen. Aber wenn wir nicht jetzt damit aufhören, dann wird es immer schwieriger, je älter unsere Kinder werden, weil sie sich immer auf uns verlassen werden.

Hier ist noch ein (kleines) Beispiel: Ein Kind, das gerade ein Pausenbrot gegessen hat, läuft zu Papa und drückt ihm das Papier, in dem das Brot eingewickelt war, in die Hand. Papa nimmt den Müll und wirft ihn weg. Wenn Sie das schon einmal getan haben, möchte ich Sie fragen, warum Sie es getan haben. Wenn Ihr Kind gehen kann, kann es seinen Abfall selbst in einen Abfallkorb werfen. Das sollten Sie Ihrem Kind schnell angewöhnen.

Eltern von tollen Kindern versuchen nicht, Gefühle zu »reparieren«

Genauso wie das Bedürfnis, Situationen zu »reparieren« (also die Hausaufgaben zu machen oder das Pausenbrot in die Schule zu bringen), rührt auch das Bedürfnis, Gefühle zu »reparieren«, daher, dass wir unseren Kindern Gutes tun wollen. Wir wollen unseren Kindern Unannehmlichkeiten, Enttäuschungen und Misserfolg ersparen (sodass ihnen nicht kalt ist, sie nicht hungrig sind, sie keinen Ärger in der Schule bekommen usw.). Gefühle reparieren ist ein subtileres Beispiel für Übererziehen (siehe S. 47).

Wenn wir Gefühle reparieren, dann wollen wir unseren Kindern unangenehme oder schmerzhafte Gefühle ersparen. Kleinere Unannehmlichkeiten wie Langeweile, aber auch größere Probleme wie soziale Ablehnung sollen vermieden werden. Meisten wollen wir aber auch uns selbst etwas ersparen, nämlich das unangenehme Gefühl, unsere Kinder leiden zu sehen (siehe S. 53). Es ist also nicht leicht, aber wir müssen lernen, die Unannehmlichkeiten unserer Kinder zu tolerieren, sodass unsere Kinder ihre Gefühle ertragen können. Ich möchte es noch einmal wiederholen, weil es so wichtig ist: Lernen Sie, negative Gefühle Ihres Kindes zu tolerieren, damit ihr Kind das ebenso lernt.

Natürlich ist es verständlich, dass Eltern ihre Kinder (und sich selbst) vor solchen Erfahrungen schützen möchten, aber Eltern nehmen ihren Kindern damit die Möglichkeit, Bewältigungsstrategien zu entwickeln und zu üben.

Hier sind zwei Beispiele, die illustrieren, was ich mit »Gefühle reparieren« meine:

1. Ihr Kind kommt in Ihr Arbeitszimmer, seufzt und sagt: »Mir ist langweilig.« Wir reagieren reflexartig mit einer Liste von Aktivitäten. Aber diese Reaktion zeigt Ihrem Kind, dass es nur zu Ihnen kommen muss, um eine Lösung für sein Problem zu finden, anstatt selbst eine zu suchen.

   Stattdessen sollten Sie Ihrem Kind erlauben, Langeweile zu erfahren. Warum? Menschen versuchen, negative Gefühle zu vermeiden. Wenn Langeweile ein negatives Gefühl für Ihr Kind ist, dann wird es selbst eine Lösung dafür finden. Es wird seine Fantasie nutzen müssen und dabei lernen, dass es Hindernisse selbst bewältigen können.

   Wenn Sie das Gefühl haben, Ihrem Kind die Langeweile nehmen zu müssen, dann widerstehen Sie der Versuchung. Sagen Sie Ihrem Kind nicht, was es tun könnte, um sein Problem zu lösen. Gehen Sie stattdessen das Problem gemeinsam mit Ihrem Kind an: »Was macht dir denn Spaß? Komm, machen wir eine Liste!« (Siehe auch S. 118.)

2. Sie holen Ihr Kind von der Schule ab und mit Tränen in den Augen sagt es: »Alle in der Schule hassen mich!« Für Eltern ist diese Situation schmerzhaft, daher sagen sie häufig: »Nein, Schatz, niemand hasst dich! Was ist mit Amanda? Sie ist doch deine Freundin.« Es ist sehr wahrscheinlich, dass Ihr Kind diese Situation sehr subjektiv wahrnimmt, aber wenn Sie das Ihrem Kind sagen, auch wenn Sie es gut meinen, führt dies dazu, dass sich Ihr Kind nicht ernst genommen und missverstanden fühlt (siehe S. 34).

   Diese Gefühle reparieren zu wollen signalisiert auch, dass diese Gefühle »schlecht« sind (anstatt zu zeigen, dass solche Gefühle normal sind und vorbeigehen) oder dass Ihr Kind mit diesen Gefühlen nicht allein fertigwerden kann (daher müssen Sie eingreifen). Und, wie ich bereits erwähnt habe, nimmt es Ihrem Kind die Chance, zu lernen, wie solche Gefühle toleriert werden können und wie man mit solchen Situationen umgeht.

Probieren Sie es mal so: Wenn Sie merken, dass Ihr Kind ein Gefühl hat, das Sie gerne reparieren würden (zum Beispiel Langeweile, Ablehnung, Nervosität), dann halten Sie inne. Denken Sie daran, dass dies eine gute Möglichkeit für Ihr Kind zu lernen, mit diesen Situationen umzugehen.

Zeigen Sie Empathie mit Ihrem Kind (siehe S. 31): »*Oh Schatz, ich wette, du fühlst dich sehr traurig und einsam, wenn du glaubst, dass dich alle hassen. Ich würde mich da auch fürchterlich fühlen.*« Schauen Sie einfach, wohin Empathie Sie führt.

Wenn es sich richtig anfühlt, dann können Sie in Ihre Rolle als Trainer schlüpfen und offene Fragen stellen, um Ihr Kind aus der Reserve zu locken und dazu zu ermuntern, andere Sichtweisen auszuprobieren: »*Was ist denn passiert, dass du denkst, dass dich alle hassen? … Oh! Die Mädchen haben dich ignoriert, als du mit ihnen spielen wolltest?* (Reflexion) *… Gibt es vielleicht eine andere Erklärung dafür?*« Und so weiter.

Das Ziel ist unter anderem, Ihrem Kind zu helfen, die Situation aus einer anderen Perspektive zu betrachten. Ihr Kind wird (meistens) feststellen, dass es auch andere Erklärungen gibt.

Erinnern Sie sich daran, dass Sie Situationen nicht reparieren müssen, damit Ihr Kind sich besser fühlt. Schenken Sie Ihrem Kind Empathie und Ihre Aufmerksamkeit. Helfen Sie Ihrem Kind dabei, Gefühle zu verstehen und sich für Handlungen zu entscheiden (siehe S. 39 und S. 89).

Wenn die Situation eine Reaktion verlangt, dann unterstützen Sie Ihr Kind, indem Sie mit ihm über Möglichkeiten sprechen (aber nicht sagen, was es tun muss), mit der Situation umzugehen. (Es gibt natürlich auch Situationen, in denen Eltern sofort einschreiten sollten, zum Beispiel wenn das Kind verletzt oder gemobbt wird.)

Eltern von tollen Kindern stehen zu ihren Gefühlen

Wir sind für unsere Gefühle und Handlungen verantwortlich, auch wenn wir oft denken, dass wir uns nicht so *fühlen* würden, wenn jemand anders nicht etwas *getan* (oder nicht getan) hätte.

Besonders in dem bestimmten Moment fühlt es sich oft so an, als hätten unsere Kinder uns wütend »gemacht« und dass unsere Reaktion ihre »Schuld« ist. Aber unsere Gefühle werden von einem komplizierten System von Erwartungen, Erfahrungen, Werten, Gewohnheiten und Veranlagungen gespeist. Sie hängen davon ab, wer *wir* sind, nicht davon, was jemand getan hat.

Stellen Sie sich ein Szenario vor, in dem Ihr Kind spielt. Sie sagen ihm, dass es zum Abendessen kommen soll, aber es reagiert nicht. Wenn wir glauben, dass es uns nicht hört, weil es uns absichtlich ignoriert, werden wir wütend und handeln entsprechend. Wenn wir aber glauben, dass es uns nicht hört, weil es so in sein Spielen vertieft ist (siehe S. 82) oder weil es ausprobieren möchte, was passiert, wenn es uns ignoriert (siehe S. 96), dann bleiben wir ruhig und versuchen, die Aufmerksamkeit unseres Kindes auf andere Weise zu erhalten. Wie wir mit einer Situation *umgehen,* hängt davon ab, wie wir die Situation *wahrnehmen.*

Wir könnten unser Kind auch daran gewöhnt haben, uns nicht zu hören, weil wir uns immer wieder wiederholen (siehe S. 120, S. 122, S. 131, S. 177 und S. 179).

Zu unseren Gefühlen zu stehen bedeutet nicht, dass das, was Ihr Kind getan hat, in Ordnung war (also das Verhalten). Sie werden vielleicht noch mit Ihrem Kind darüber sprechen müssen. Aber es bedeutet, dass Ihr Kind nicht dafür verantwortlich ist, wie *Sie* fühlen, was *es* getan hat. Ihre Kinder sind nur für *ihre* Gefühle und *ihre* Handlungen verantwortlich.

Probieren Sie es mal so: Das nächste Mal, wenn Sie wütend auf Ihr Kind sind, fragen Sie sich: *Warum fühle ich mich so?* (Siehe auch S. 60.) Hinterfragen Sie Ihre Erklärung für die Situation. Woher wissen Sie, dass Sie richtigliegen?

Denken Sie daran, dass Ihre Gedanken genau das sind: Ihre Gedanken. Sie sind nicht die Realität. Sie sind Ihre Interpretation der Situation, nicht die Situation selbst.

Sie werden auch weniger Widerstand erfahren, wenn Sie Verantwortung für Ihre Gefühle übernehmen (indem Sie sagen: »Ich bin genervt«, statt: »Du nervst mich«). Letzteres wird Ihr Kind eher veranlassen, sich zu verteidigen, der Konflikt wird eskalieren. Ersteres kann nicht diskutiert werden, denn es ist eine Aussage darüber, wie Sie sich fühlen.

Egal wie Sie sich fühlen, denken Sie daran, dass Sie die Situation meistern können, wenn Sie kurz innehalten und in Ruhe eine Entscheidung darüber treffen, wie Sie handeln (siehe S. 42 und S. 89).

Siehe auch S. 55.

Eltern von tollen Kindern können ihre Gefühle und Stimmungen anerkennen

Wenn wir nach einem anstrengenden Tag nach Hause kommen, nehmen wir den Stress und andere negative Gefühle oft mit. Unsere Kinder achten auf unsere Gefühle und Stimmungen (siehe S. 96), sie werden die Veränderung bei Ihnen bemerken. Sie werden uns vielleicht sogar danach fragen.

Auch wenn wir uns in einer schwierigen Situation befinden (weil jemand, der uns nahestand, gestorben ist, wir unseren Job verloren haben oder eine schwerwiegende Diagnose erhalten haben), werden unsere Kinder das bemerken, selbst wenn wir unser Bestes geben, es ihnen zu verheimlichen.

Viele Eltern wollen diese Gefühle für sich behalten, weil sie ihren Kindern unangenehme Gefühle ersparen wollen. Sie sprechen nicht darüber, was passiert ist und wie sie sich fühlen, und hoffen, dass ihre Kinder es nicht bemerken und daher nicht mit ihnen leiden. Obwohl wir unsere Kinder schützen wollen, wird dieses Verhalten auf uns zurückfallen. Auch Kleinkinder verstehen Gefühle, reagieren gestresst oder erleben Empathie.[4]

Wenn wir traurig, schlecht gelaunt oder irritiert sind, werden andere Menschen und unsere Kinder das bemerken. Wenn wir versuchen, diese Gefühle zu verstecken (»Alles ist okay, Schatz. Warum fragst du?«), entsteht eine Differenz zwischen dem, was wir unseren Kindern sagen, und dem, was unsere Kinder fühlen (siehe auch S. 85 und S. 87).

Kinder sind empathisch und schnappen unsere nonverbalen Signale (Körpersprache, Stimmlage usw.) auf, aber wir sagen ihnen, dass ihre Intuition nicht stimmt. Diese Differenz kann unseren Kindern Angst machen. Denn sie fühlen, dass etwas fundamental falschläuft, aber eine Vertrauensperson sagt ihnen, dass dieses Gefühl nicht stimmt.

Auf die Dauer bedeutet das, dass es unseren Kindern schwerfallen wird, ihren Gefühlen zu vertrauen.

Wenn wir unsere Gefühle verstecken, dann vermitteln wir unseren Kindern damit auch, dass manche Gefühle so fürchterlich sind, dass man sie verstecken muss. Gefühle zu verstecken vermindert auch die Selbstwahrnehmung (siehe S. 60) und die Fähigkeit, mit Gefühlen umzugehen (siehe S. 89). Denn Kinder können nicht lernen, mit Gefühlen umzugehen, die sie nicht identifizieren können.

Stattdessen können Eltern Selbstwahrnehmung und emotionale Intelligenz zeigen, indem sie zu ihren Gefühlen stehen (siehe S. 53) und diese Gefühle mit ihren Kindern besprechen. Was Sie Ihrem zwölfjährigen Kind sagen, wird sich stark von dem unterscheiden, was Sie Ihrem zweijährigen Kind sagen.

Wenn Sie Ihre Gefühle mit Ihren Kindern teilen, dann können Sie ihnen auch zeigen, wie man mit solchen Gefühlen umgehen kann.

Probieren Sie es mal so: Das nächste Mal, wenn Sie traurig, wütend oder schlecht gelaunt nach Hause kommen, erzählen Sie Ihren Kindern davon. Warten Sie nicht, bis sie Sie fragen; sie haben Ihre Gefühle vermutlich schon bemerkt, aber sagen nichts. Wenn Ihre Kinder Sie fragen, dann stehen Sie zu Ihren Gefühlen, auch wenn Sie nicht näher darauf eingehen wollen.

Ihrem zweijährigen Kind könnten Sie beispielsweise sagen: *»Mama fühlt sich heute wütend und traurig wegen etwas, das in der Arbeit passiert ist. Jemand war heute gemein zu mir und ich bin noch traurig deswegen. Wenn ich also ein bisschen komisch bin heute, dann liegt das daran.«*

Und Ihrem zwölfjährigen Kind könnten Sie sagen: *»Schatz, ich werde heute wahrscheinlich sehr abgelenkt und irritiert sein, bitte gib mir heute ein bisschen Freiraum. Mein Chef hat mich heute unnötig kritisiert und ich bin ziemlich frustriert. Und ich denke gerade darüber nach, wie ich mit dieser Situation umgehen soll.«*

Für unsere Kinder ist es unschätzbar, wenn wir so über unsere Gefühle sprechen. Wir zeigen ihnen damit nicht nur Selbstwahrnehmung und emotionale Intelligenz, sondern wir zeigen ihnen auch, wie Stimmungen ihr Verhalten und das anderer beeinflussen können. Das befähigt die Kinder zu verstehen, dass die Gefühle und Gedanken anderer Menschen ihre Gefühle und Gedanken beeinflussen können. Damit lernen sie, ihre »Gefühle zu fühlen und bewusst zu handeln« (siehe S. 42).

Eltern von tollen Kindern sind aufmerksam

Aufmerksam zu sein für das, was im Hier und Jetzt passiert, kann erstaunlich schwer sein. Als Erwachsene denken wir oft an die Vergangenheit (Habe ich das Richtige zu meinem Chef gesagt?) oder die Zukunft (Ich muss mich daran erinnern, auf dem Nachhauseweg Eier mitzunehmen.). Da ist es leicht, zu übersehen, was gerade passiert, sowohl um uns herum als auch in uns. Unser Bedürfnis nach Multitasking und die vielfältigen Ablenkungen, etwa durch das Smartphone, machen es noch schwerer, sich auf das Hier und Jetzt zu konzentrieren.

Genauso wichtig wie Selbstwahrnehmung (S. 60) ist es, uns selbst und anderen Aufmerksamkeit zu schenken. Für gute Erziehung ist das unabdingbar (aber auch für das Leben an sich). Wenn wir uns selbst keine Aufmerksamkeit schenken, dann verpassen wir Hinweise, wie etwa einen erhöhten Puls oder eine laute Stimme, die uns sagen, dass wir wütend sind, bevor eine Situation außer Kontrolle gerät.

Wenn wir dem Moment keine Aufmerksamkeit schenken, dann bemerken wir vielleicht nicht, dass wir unserem jammernden Kind gerade das Spielzeug, das es haben wollte, in die Hand drücken, um uns etwas Ruhe zu kaufen (siehe S. 72). Wenn wir unserem Kind keine Aufmerksamkeit schenken, dann bemerken wir vielleicht, dass es uns gegenüber respektlos ist, aber wir führen die Unterhaltung dennoch weiter, weil wir uns verständlich machen wollen.

Wir tun vieles automatisch und denken nicht darüber nach, welche Auswirkungen unsere Gefühle und Handlungen haben (siehe S. 27). Aber wenn wir das nicht bemerken, können wir es auch nicht verändern (siehe auch S. 23 und S. 45).

Probieren Sie es mal so: In Wahrheit ist es einfach: Wenn wir besser darin werden wollen, aufmerksam zu sein, dann müssen wir üben. Eine Möglichkeit dafür ist Meditation. Studien zeigen, dass regelmäßige Meditation unzählige physische und psychische Vorteile hat. Mittlerweile gibt es viele Kurse zu Meditation. Wenn Sie einmal eine Meditation ausprobieren möchten und nähere Informationen dazu suchen, können Sie etwa www.msc-selbstwertgefuehl.org besuchen.

Wenn Meditation nichts für Sie ist, dann versuchen Sie doch, regelmäßig innezuhalten und sich auf das Hier und Jetzt zu konzentrieren: auf Ihre Atmung, das Gefühl der Sonne auf Ihrer Haut, das Gefühl Ihres Körpers, der in einem Stuhl sitzt, das Gefühl Ihrer Hände, während Sie dieses Buch halten. Wenn es Ihnen schwerfällt, sich daran zu erinnern, weil Sie es noch nicht gewöhnt sind (siehe S. 64), lassen Sie sich alle ein oder zwei Stunden von Ihrem Smartphone daran erinnern.

Eltern von tollen Kindern kultivieren Selbstwahrnehmung

Selbstwahrnehmung ist für die Erziehung Ihrer Kinder unglaublich wichtig. Wenn wir uns unserer Gefühle und Gedanken, unserer Vorurteile, Erwartungen und dergleichen nicht bewusst sind, ist es schwer, für unsere Fehler einzustehen (siehe S. 45), zu handeln, statt zu reagieren (siehe S. 42), und unsere Gefühle anzuerkennen (siehe S. 55).

Menschen mit Selbstwahrnehmung reflektieren über ihre Wahrnehmungen, Vorurteile, Erwartungen und Werte. Sie arbeiten daran, ihre Gefühle und Gedanken und ihre Auswirkungen auf unser Verhalten und unsere Entscheidungen zu verstehen. Sie sind auch empathischer und können verschiedene Perspektiven gleichzeitig einnehmen, ohne ohne die eine für »richtiger« als die andere zu halten.

Die Fähigkeit, eine andere Perspektive einzunehmen, ist gerade für Eltern sehr hilfreich, denn sie müssen tagtäglich mit einem anderen Menschen interagieren, der die Welt auf (manchmal ganz) andere Weise wahrnimmt (siehe S. 34).

Probieren Sie es mal so: Selbstwahrnehmung kann auf viele Arten und Weisen kultiviert werden. Psychotherapie ist eine Möglichkeit, genauso wie das Führen eines Tagebuches, Meditation und nach Feedback von Freunden und Ihrer Familie zu fragen.

Nehmen Sie sich jeden Tag ein wenig Zeit dafür, Ihren Gefühlen und Gedanken Aufmerksamkeit zu schenken, zu bemerken, wie sie miteinander verbunden sind und Ihr Verhalten prägen. Wenn Ihr Kind beispielsweise nicht reagiert, wenn Sie nach ihm rufen, achten Sie darauf, was in Ihrem Kopf und in Ihrem Körper passiert.

Wenn Sie denken, dass Ihr Kind Sie ignoriert, werden Sie sich eher frustriert fühlen und wahrscheinlich eher genervt sein oder schreien. Wenn Sie aber denken, dass Ihr Kind so vereinnahmt ist von dem, was es gerade tut, dass es Sie nicht hört (siehe S. 82), dann werden Sie eher geduldiger reagieren, vielleicht zu Ihrem Kind gehen und noch einmal versuchen, seine Aufmerksamkeit zu bekommen.

Selbst, wenn Sie denken, dass Ihr Kind Sie ignoriert, um zu sehen, wie Sie reagieren (siehe S. 96), wird diese kleine Änderung Ihrer Interpretation Ihnen helfen, ruhiger und mit mehr Mitgefühl auf Ihr Kind reagieren.

Eltern von tollen Kindern arbeiten mit positiven Berührungen

Studien zeigen immer wieder, dass positive Berührungen wie Umarmungen, Kuscheln und Streicheln für die Entwicklung und das Wohlbefinden von Kindern unglaublich wichtig sind. Tatsächlich ist es sogar so, dass Kleinkinder, die keine positiven Berührungen erfahren, oft physische und kognitive Entwicklungsstörungen aufweisen und sogar sterben können. Das kann auch geschehen, wenn sie regelmäßig Nahrung erhalten und ihre sonstigen Bedürfnisse befriedigt werden.[5]

Für Menschen jeden Alters führen positive Berührungen zu besserer Gesundheit, mehr Wohlbefinden und Zusammenhalt – Oxytozin, das »Liebeshormon«, wird ausgeschüttet, unser Puls verlangsamt sich, Stress wird abgebaut und das Immunsystem wird gestärkt. Was sollen Sie also tun? Umarmen Sie Ihre Kinder (ganz oft).

Selbst wenn Sie Ihr Kind maßregeln, sollten Sie versuchen, das Gespräch mit einer Umarmung oder einer anderen positiven Berührung zu beenden, besonders bei jüngeren Kindern. Diese liebevolle Geste wird Ihrem Kind vermitteln, dass Sie, obwohl Sie negatives Verhalten maßregeln, die emotionale Verbindung zu Ihrem Kind schätzen (siehe S. 37 und S. 76). Positive Berührungen verstärken auch die Auswirkungen von Lob (siehe S. 112 und S. 181).

Entsprechend sollten Sie Ihr Kind nicht ohrfeigen oder auf andere Art physisch aggressiv sein. Ohrfeigen und andere Formen physischer Aggression scheinen im Moment zu funktionieren, aber auf lange Sicht zeigen Sie Ihrem Kind, dass Aggressionen und Gewalt eine Möglichkeit sind, Konflikte zu lösen oder zu bekommen, was sie wollen.[6] Physische Gewalt ist auch mit psychischen Beschwerden wie Depressionen oder Angstzuständen und verminderten kognitiven Fähigkeiten verbunden. Stattdessen können Sie also die Tipps in diesem Buch ausprobieren, zum Beispiel von S. 31, S. 120 und S. 122.

Sie sollten auch verstehen, dass eine Umarmung nach physischer Gewalt kein Gegenmittel für entstandenen Schmerz darstellt.[7] Liebevolle und herzliche Gesten nach aggressivem Verhalten oder Gewalt machen den Schmerz nicht wieder gut. Eltern müssen die liebevolle Beziehung zu ihren Kindern auch dann aufrechterhalten, wenn sie sie maßregeln (siehe S. 107).

Die Tipps in diesem Buch sollen Ihnen dabei helfen, eine starke Bindung zu Ihrem Kind aufzubauen und zu erhalten, auch wenn Sie mit seinem Verhalten nicht einverstanden sind.

Probieren Sie es mal so: Nehmen Sie sich jeden Tag Zeit, Ihr Kind (und andere Menschen) lange zu umarmen. Wenn Ihr Kind nicht mehr umarmt werden möchte, versuchen Sie, ihm liebevoll auf die Schulter zu klopfen. Zeigen Sie jeden Tag Ihre Liebe, sowohl mit Worten als auch mit Gesten. Sie werden davon profitieren.

Eltern von tollen Kindern helfen Kindern dabei, positive Gewohnheiten zu entwickeln

Die Zeit zwischen der Geburt und dem fünften Lebensjahr ist eine besonders wichtige Zeit für die Entwicklung Ihres Kindes: Nervenverbindungen werden aufgebaut, das Gehirn wächst auf etwa 90 % der endgültigen Größe. Diese Nervenverbindungen sind wie Trampelpfade durch einen Wald: Sind sie einmal da, bleiben sie bestehen und werden noch intensiver genutzt.

Als Psychologin verstehe ich Nervenverbindungen als Gewohnheiten und Werte. Es sind die Dinge, die wir tun, denken und fühlen, wenn wir nicht darüber nachdenken. Diese Gewohnheiten können unser Denken bestimmen (und uns zu Optimisten oder Pessimisten machen), aber auch unsere Gefühle (wie Dankbarkeit oder Angst) und unser Verhalten (wie bitte und danke zu sagen oder den Tisch abzuräumen, wenn man mit dem Essen fertig ist).

Und unsere Kinder profitieren natürlich davon, wenn es positive Gewohnheiten sind.

Positive Gewohnheiten, die wir unseren Kindern beibringen können, sind manchmal einfach (zum Beispiel morgens und abends die Zähne zu putzen und sich gut zu benehmen). Manchmal aber auch schwierig (Beispiel ein Buch zu lesen oder draußen zu spielen, anstatt auf einen Bildschirm zu schauen, oder mit starken Gefühlen umgehen zu können (siehe S. 89), belastbar (siehe S. 112) oder geduldig, optimistisch und freundlich zu sein.

Gewohnheiten bilden Häufigkeit und Wiederholung. Alles, was wir regelmäßig tun, sagen, denken oder fühlen, kann als Gewohnheit verstanden werden. Wenn wir also Gewohnheiten festigen wollen, müssen wir dieses neue Verhalten, Denken und Fühlen regelmäßig üben, bis es zur Gewohnheit wird.

Diese ersten Jahre sind fundamental für unsere Kinder und unsere Beziehung zu ihnen. Wir können uns und unseren Kindern einen immensen Vorteil verschaffen, wenn wir die Prinzipien in diesem Buch von Anfang an üben, sodass die Gewohnheiten und Werte unserer Kinder schon früh konstruktiv und zweckdienlich sind.[8] Wie Frederick Douglass gesagt haben soll: »Es ist einfacher, starke Kinder großzuziehen, als gebrochenen Männern zu helfen.«

Probieren Sie es mal so: Denken Sie über Ihre täglichen Interaktionen mit Ihren Kindern nach. Fragen Sie sich:

- Was lernen sie aus diesen Interaktionen?
- Welche Gewohnheiten (in Bezug auf Gefühle, Gedanken und Verhalten) werden durch diese Erfahrungen gefestigt oder gebildet?
- Sind es nützliche, konstruktive Gewohnheiten? Wenn nicht, dann handeln Sie und verändern Sie sie (indem Sie anfangen, sich selbst zu ändern, siehe S. 25).

Hier ist ein einfaches Beispiel: Wenn Ihr Kind Sie oft unterbricht, beginnen Sie damit zu bemerken, wenn es vorkommt. Wenn Sie dieses Verhalten bemerken, hören Sie nicht auf, zu sprechen oder das zu tun, was Sie gerade tun, um auf Ihr Kind zu reagieren (außer es handelt sich um einen Notfall). Das kann eine Herausforderung sein. Sagen Sie einfach ruhig und bestimmt: »*Du unterbrichst mich. Bitte warte, bis ich fertig bin.*« Wenn Sie fertig sind, schenken Sie Ihrem Kind Ihre volle Aufmerksamkeit.

Kleinkindern, für die Warten eine besondere Herausforderung sein kann, könnten Sie sagen: »Schatz, du unterbrichst mich. Wenn du meine Aufmerksamkeit brauchst, wenn ich gerade mit jemandem spreche, dann sag bitte: Entschuldigung.« Dann warten Sie, bis Ihr Kind es sagt, bevor Sie ihm Ihre Aufmerksamkeit schenken (siehe S. 69).

Diese Veränderung in *Ihrem* Verhalten hilft Ihrem Kind, sich in Geduld zu üben oder wenigstens »Entschuldigung« zu sagen.

Ein anderes Beispiel: Wenn Sie wollen, dass Ihr Kind zu einem Menschen wird, der gerne liest (eine Gewohnheit, die sich auszahlt!), könnten Sie Folgendes versuchen: Lesen Sie ihm regelmäßig vor, besuchen Sie Büchereien, begrenzen Sie die Zeit, die Ihr Kind vor dem Bildschirm verbringt, lesen Sie selbst, sprechen Sie über Bücher und so weiter.

Gewohnheiten können gewaltige Auswirkungen auf unser Leben haben. Schätzen Sie die Gewohnheiten und Werte Ihres Kindes, anstatt sich auf seine Noten, Trophäen oder andere externe Erfolge zu konzentrieren. Um eines meiner Lieblingszitate zu abzuwandeln: »Achten Sie auf Ihre Handlungen, sie werden zu Gewohnheiten. Achten Sie auf Ihre Gewohnheiten, sie werden zu Ihrem Charakter. Achten Sie auf Ihren Charakter, er wird Ihr Schicksal.«

Eltern von tollen Kindern unterscheiden zwischen Zielen und Methoden

Wenn wir gestresst sind, weil wir gerade versuchen, das Abendessen auf den Tisch zu bringen, und unser dreijähriges Kind jammert, weil es ein Glas Milch möchte, dann sollten wir uns daran erinnern, dass dieses Verhalten (das Jammern) ein Ziel verfolgt: Aufmerksamkeit und ein Glas Milch zu erhalten.

Wenn Sie an Beispiele aus Ihrem eigenen Alltag denken, werden Sie wohl feststellen, dass die meisten Ziele unserer Kinder gerechtfertigt sind. Aber die Methoden, die sie anwenden, können problematisch sein, zum Beispiel, wenn sie jammern.

Deshalb sollten Sie zwischen den Zielen und den Methoden Ihrer Kinder unterscheiden, wenn Sie sie für ihr Verhalten maßregeln. Versuchen Sie, das Ziel zu verstehen, und bringen Sie Ihren Kindern andere, bessere Methoden bei, ihre Ziele zu verfolgen.

Sie sollten auch daran denken, dass Sie Ihren Kindern zeigen, dass die (inakzeptable) Methode auch nicht funktioniert. Wenn es Ihren Kindern gelingt, ihr Ziel zu erreichen (im Beispiel vorhin war das Ziel, ein Glas Milch zu bekommen), indem sie inakzeptable Methoden (Jammern) anwenden, dann werden sie diese Methoden auch nicht ändern – es funktioniert schließlich (siehe S. 72). Und bedenken Sie auch, dass Ziele sowohl materieller Natur sein können, wie Milch, als auch abstrakter Natur, zum Beispiel Ihre Aufmerksamkeit.

Die Ziele und Methoden Ihrer Kinder klar zu unterscheiden hilft Ihnen, unerwünschtes Verhalten wie Jammern oder Ziehen zu minimieren und Ihren Kindern mit Empathie und Anerkennung beizubringen, wie sie ihre Ziele mit angemessenem Verhalten erreichen.

Probieren Sie es mal so: Auf das vorhergehende Beispiel können Sie reagieren, indem Sie zwischen Ziel und Methode unterscheiden: *»Schatz, ich verstehe, dass du gerne ein Glas Milch hättest* (Anerkennung des Zieles, Empathie, siehe S. 31), *gleichzeitig hält mich dein Jammern davon ab, mich auf das Kochen zu konzentrieren* (Grund S. 120).*«* *»Wenn du gerne ein Glas Milch hättest, dann sag bitte: ›Mama, darf ich bitte ein Glas Milch haben?‹* (alternative Methode).*«* Sobald Ihr Kind versucht, die neue Methode anzuwenden, geben Sie ihm ein Glas Milch.

Dasselbe gilt auch für ältere Kinder. Stellen Sie sich vor, dass nicht ein dreijähriges Kind nach einem Glas Milch jammert,, sondern Ihr jugendliches Kind Ihr Auto ausleihen möchte (Ziel). Wenn Sie gerade anderweitig beschäftigt sind, wird Ihr Kind Ihnen vielleicht folgen und immer wieder sagen: »Komm schon, Mama! Bitte? Bitte!« Ihr Kind wird diese Methode so lange anwenden, bis es bekommt, was es möchte.

In diesem Fall könnten Sie Folgendes sagen: *»Schatz, ich verstehe, dass du dir das Auto wirklich gerne ausleihen möchtest und jetzt gerne wissen würdest, ob du darfst* (Anerkennung des Zieles). *Gleichzeitig fühle ich mich aber bedrängt, wenn ich dich darum bitte, ein wenig zu warten, und du mir folgst* (Grund, Anerkennung der eigenen Gefühle). *Wenn du so weitermachst, ist die Antwort definitiv Nein* (Warnung). *Lass uns über das Auto sprechen, wenn ich mit dem Kochen fertig bin* (alternative Methode).*«*

Lesen Sie auch Tipp (S. 69), um zu erfahren, wie Sie mit Kindern über die Unterscheidung von Zielen und Methoden sprechen können.

Eltern von tollen Kindern zeigen ihren Kindern, wie es geht

Wenn wir Kinder maßregeln, versuchen wir in erster Linie, ihnen beizubringen (siehe S. 80), dass ihr Verhalten (zum Beispiel schlagen oder Möbel anmalen) nicht in Ordnung ist.

Ein Teil dieses Maßregelns ist es, sie vor fairen und begründeten Konsequenzen (S. 131) zu warnen (S. 122). Aber Konsequenzen unterdrücken nur ein bestimmtes Verhalten, sie zeigen Ihren Kindern, was nicht in Ordnung ist, aber nicht, wie sie es besser machen können.

Wir müssen ihnen auch sagen, welches Verhalten angebracht ist. Das meine ich, wenn ich sage, dass Eltern ihren Kindern zeigen müssen, wie es geht (sie sollen Alternativen aufzeigen). Damit geht die Unterscheidung zwischen Zielen und Methoden (S. 67) einher.

Viele Eltern übersehen diesen wichtigen Schritt, sie denken nicht daran, dass sie ihren Kindern Alternativen bieten müssen. Sie werden das an sich selbst vielleicht schon beobachtet haben, wenn Sie Ihrem Kind sagen, dass es aufhören soll, etwas Bestimmtes zu tun, aber nicht sagen, was es stattdessen tun soll.

Wenn Eltern ihren Kindern nicht sagen, was sie stattdessen tun sollen, versuchen Kinder, selbst Lösungen zu finden. Das Ergebnis ist oft ein noch schlimmeres Verhalten. Wenn Sie Ihrem Kind also sagen, dass sein Verhalten nicht in Ordnung ist, dann sollten Sie mit Ihrem Kind darüber sprechen (wenn es älter ist) oder ihm klare Anweisungen geben (wenn es jünger ist) und diese Alternativen auch begründen.

Dann bitten Sie Ihr Kind darum, die Situation noch einmal durchzuspielen (S. 179) oder zu üben (S. 181). So geben Sie Ihrem Kind die Möglichkeit, das neue Verhalten in Bezug auf die Situation, in der das negative Verhalten aufkam, auszuprobieren. Reagieren Sie positiv, wenn Ihre Kinder diese Alternative ausprobieren (siehe S. 72, S. 74, S. 112 und S. 172).

Zum Beispiel:

»Ich weiß, dass du heute gerne zwei Bücher gelesen hättest und nicht nur eines und dass du frustriert und traurig bist (Empathie, S. 31). *Gleichzeitig ist es nicht in Ordnung, Bücher auf den Boden zu werfen, weil Bücher etwas Besonderes sind und wir auf sie aufpassen müssen* (Grund, siehe S. 120). *Stattdessen könntest du sagen:* ›Papa, ich bin enttäuscht, dass wir nur ein Buch lesen. Kannst du mir versprechen, dass wir morgen zwei Bücher lesen?‹*«* (Alternative geben).

Es gibt zwei wichtige Richtlinien, die Sie bedenken sollten. Die Alternativen, die Sie Ihrem Kind vermitteln, sollten

1. sowohl ein besseres Verhalten als auch
2. etwas sein, das Ihr Kind wirklich tun kann. Das hängt von den Fähigkeiten und der Persönlichkeit Ihres Kindes ab. Es ist zum Beispiel sehr unwahrscheinlich, dass ein sehr aktives, zweijähriges Kind fünf Minuten warten kann, um ein Glas Milch zu bekommen. Es kann aber höflich bitte sagen.

Alternativen aufzuzeigen ist Konsequenzen immer vorzuziehen. Alternativen geben Ihren Kindern die Möglichkeit, ihr Verhalten zu reflektieren, und sie geben Ihnen die Möglichkeit, das neue Verhalten zu festigen.

Probieren Sie es mal so: Das nächste Mal, wenn Sie Ihr Kind bitten, sein Verhalten zu verändern, fragen Sie sich zuerst, was Ihr Kind erreichen möchte, und schlagen Sie Ihrem Kind dann ein besseres Verhalten vor (mit älteren Kindern können Sie auch das Verhalten diskutieren). Dann können Sie die Situation noch einmal durchspielen und das Verhalten üben.

Stellen Sie sich vor, Ihr Kleinkind spielt mit seinem Fläschchen, schüttelt es, leert den Inhalt über den Tisch. Sie verstehen, dass es etwas tut, das es interessant findet (siehe S. 96), dass es aber der falsche Ort und Zeitpunkt dafür ist.

Sie könnten sagen: »*Bitte spiel bei Tisch nicht mit deiner Milch* (Bitte)*, denn das macht den Tisch schmutzig/stört das Abendessen etc.* (Grund*). Wenn du mit deinem Fläschchen spielen möchtest, kannst du es heute in die Badewanne/in den Garten mitnehmen und dort damit spielen* (Alternative).«

Wenn Ihr Kind weitermacht, nehmen Sie ihm bestimmt (S. 140) das Fläschchen weg, warten Sie eine Minute und geben Sie das Fläschchen zurück, sodass Ihr Kind es noch einmal versuchen kann. Ich nenne das »Wiederholungsspiel«. Wiederholen Sie es, so oft es nötig ist.

Lesen Sie Tipp (S. 67), um mehr darüber zu erfahren, wie Sie mit Ihren Kindern über alternative Verhaltensweisen sprechen können.

Eltern von tollen Kindern belohnen kein Verhalten, das nicht in Ordnung ist

Wenn Kinder sich auf negative Art und Weise verhalten, dann werden sie dieses Verhalten beibehalten, wenn sie damit das bekommen, was sie wollen (siehe auch S. 67). Wenn es ausreicht, Hilfe beim Wegräumen der Spielsachen einfach zu verweigern, weil Papa irgendwann aufgibt und es einfach selbst macht (auch wenn es nicht immer funktioniert, siehe S. 137), dann ergibt es keinen Sinn, das Verhalten zu ändern. Es hat doch bisher funktioniert, oder nicht?

Gleiches gilt auch, wenn Eltern von jugendlichen Kindern möchten, dass sie respektvoller mit ihnen umgehen. (Erste Frage: Welches Verhalten zeigen Sie Ihrem Kind? Sprechen Sie respektvoll mit Ihrem Kind? Siehe S. 109).

Wenn sich diese Eltern genauer mit ihren Familien auseinandersetzen und sie beobachten (siehe S. 58), bemerken sie oft, dass ihre Kinder ganze Gespräche lang nur schreien oder auf andere Art und Weise respektlos sind. Während dieser Gespräche sagt die Mutter oder der Vater immer wieder: »Es ist nicht in Ordnung, so mit mir zu sprechen«. Aber das Gespräch geht dennoch weiter. Eltern sagen, dass es nicht in Ordnung ist, aber ihr Verhalten bestätigt diese Methode.

Meistens schreien diese Eltern irgendwann zurück, was die Situation eskalieren lässt. (Ihr Kind anzuschreien wird Ihrem Kind nicht vermitteln, dass es nicht in Ordnung ist, zu schreien).

Aber selbst wenn Eltern ruhig bleiben, während ihr Kind schreit (oder jammert), zeigen sie, dass Schreien oder Jammern eine angemessene Kommunikationsform ist, wenn sie das Gespräch nicht abbrechen. (Was können Sie in dieser Situation tun? Ein wichtiges Mittel, diese Dynamik zu durchbrechen, ist es, die Interaktion abzubrechen, siehe S. 177).

Probieren Sie es mal so: Achten Sie auf die Interaktionen, die oft zu Konflikten oder frustrierenden Situationen führen. Denken Sie über die Ziele und Methoden Ihres Kindes nach (siehe S. 67) und achten Sie darauf, wie Sie mit der Situation und dem Fehlverhalten Ihres Kindes umgehen. Bestätigt Ihr Verhalten das Ihres Kindes?

Hilft Ihre Reaktion Ihrem Kind, sein Ziel entweder direkt (Sie räumen die Spielsachen selbst auf) oder indirekt (Sie führen die respektlose Unterhaltung fort) zu erreichen? Wenn dem so ist, dann müssen Sie Ihre Reaktion auf die Situation verändern, um das Verhalten Ihres Kindes zu verändern (siehe auch S. 25).

Sie können damit beginnen, dass Sie Ihre Reaktionen schon im Vorhinein planen (und sogar proben, siehe S. 181). Sie können die Interaktion auch abbrechen und, wenn es angebracht ist, darum bitten, die Situation noch einmal durchzugehen (S. 179).

Eltern von tollen Kindern sagen ihren Kindern, wenn sie sich gut benehmen

Eltern wenden viel Zeit und Geduld auf, um ihren Kindern zu vermitteln, was sie verbessern können. Es ist aber wichtig, sich nicht nur auf die negativen Aspekte zu konzentrieren, sondern auch das positive Verhalten Ihrer Kinder anzuerkennen. Kinder wollen genauso sehr geschätzt werden wie Erwachsene.

Kinder blühen unter sofortigem, ehrlichem und klar definiertem Feedback auf. Besonders, wenn Sie versuchen, das Verhalten Ihres Kindes zu verändern, sollten Sie auf Versuche Ihres Kindes achten, dieses neue Verhalten anzuwenden, und es gleich dafür loben. Selbst ein kleiner Schritt ist ein Lob wert (siehe S. 118).

Eltern können ihren Kindern nicht nur helfen, indem sie gutes Benehmen schätzen, sondern auch, indem sie ihnen die Möglichkeit geben, sich gut zu benehmen. Stellen Sie sicher, dass Ihre Kinder ausgeruht und satt sind (siehe S. 79 und S. 152), und geben Sie Ihren Kindern Struktur. So minimieren Sie das Risiko schlechten Benehmens und geben Ihren Kindern die Möglichkeit, besseres Benehmen zu üben (siehe S. 135). Wenn Ihr Kind beispielsweise Probleme damit hat, sein Spielzeug zu teilen, dann können Sie gemeinsam mit Ihrem Kind aufräumen, bevor Freunde kommen, sodass Sie nachher keinen Konflikt auflösen müssen. Wenn Sie sehen, dass Ihr Kind sich gut benimmt, dann sollten Sie es loben (Sie finden konkrete Richtlinien dafür in diesem Kapitel). (Siehe auch S. 181)

Es ist wichtig, konkret zu sein, wenn wir unsere Kinder loben (siehe auch S. 112). »Gut gemacht!« reicht nicht aus. Denken Sie lieber darüber nach, warum genau Sie Ihr Kind loben, und sagen Sie das.

Suchen Sie auch nach nonverbalen Möglichkeiten, das Lob zu verstärken, beispielsweise, indem Sie Ihr Kind umarmen oder ihm liebevoll auf die Schulter klopfen (positive Berührungen, siehe S. 62). Zum Beispiel: *»Dylan, ich habe gemerkt, dass du sehr frustriert warst, als deine*

Schwester dein Spielzeug genommen hat, ohne zu fragen. Du hast kurz innegehalten und dir überlegt, was du sagst, anstatt deine Schwester zu hauen oder sie anzuschreien. Ich bin stolz auf dich, dass du so viel Kontrolle in dieser schwierigen Situation bewahrt hast.« (Dann umarmen Sie Ihr Kind.)

Ihre Kinder zu loben, wenn sie etwas Gutes tun, führt dazu, dass Ihre Kinder das gute Verhalten wiederholen. Und wenn wir versuchen, auf die Augenblicke zu achten, in denen unsere Kinder Gutes tun, dann verändern wir auch unsere Einstellung und Erwartung (siehe S. 172).

Probieren Sie es mal so: Suchen Sie jeden Tag nach Gelegenheiten, gutes Verhalten Ihrer Kinder anzuerkennen (und damit zu stärken). Loben Sie Ihre Kinder: (1) konkret, (2) sofort, (3) ehrlich und auch (4) nonverbal (zum Beispiel mit einer Umarmung oder einer anderen positiven Berührung).

Eltern von tollen Kindern maßregeln liebevoll

Liebevolles Maßregeln ist ein Prinzip, das für viele der Tipps in diesem Buch gilt. Liebevolles Maßregeln bedeutet:

- Das Ziel ist, zu lehren (S. 80), nicht zu bestrafen oder Schuld zuzuweisen. Wenn Sie Ihr Kind maßregeln, sollten Sie sich auf sein Verhalten konzentrieren und Worte wählen, die zeigen, dass Sie mit dem Verhalten Ihres Kindes unzufrieden sind, nicht mit dem Kind an sich (siehe auch Tipps (S. 37) und S. 39). Vermeiden Sie Drohungen, emotionalen Rückzug oder Wut.[9]
- Eltern versuchen, bestimmt und ruhig (S. 140) zu bleiben, wenn sie ihr Kind maßregeln.
- Maßregelung findet im Privaten statt (siehe S. 78).
- Wenn Konsequenzen gezogen werden müssen, dann sind sie nicht unverhältnismäßig oder gemein (siehe S. 131).
- Eltern achten auf ihre nonverbalen Signale wie Körpersprache und physische Interaktion (siehe S. 85 und S. 87). Wenn Sie zum Beispiel Ihr Kind wieder ins Bett bringen wollen, es sich aber dagegen wehrt, sollten Sie es vermeiden, Ihr Kind am Arm zu packen – das ist ein physischer Ausdruck Ihrer Frustration (siehe auch S. 105).
- Eltern behalten ihre emotionale Bindung zu ihrem Kind (siehe auch S. 107). Maßregelung bedeutet niemals, Ihrem Kind Liebe zu entziehen oder es emotional manipulieren zu wollen.

Probieren Sie es mal so: Statt »Was stimmt mit dir nicht?« zu sagen, wenn Ihr Kind etwas Falsches tut (oder Ähnliches, das Ihr Kind und nicht sein Verhalten kritisiert), versuchen Sie es damit: »*Dieses Verhalten ist nicht in Ordnung*« oder »*Es ist nicht okay, [benennen Sie das Verhalten].*« Wenn Sie das Verhalten Ihres Kindes mit ihm diskutieren, sollten Empathie (Siehe S. 31), der Grund, aus dem das Verhalten nicht in Ordnung ist (siehe S. 120), und Vorschläge für Alternativen (siehe S. 67 und S. 69) unbedingt Teil des Gesprächs sein. Manchmal kann es auch wichtig sein, Ihr Kind zu warnen (siehe S. 122).

Diese Art und Weise zu sprechen mag sich anfangs vielleicht seltsam anfühlen, aber sie signalisiert Ihrem Kind, dass Sie das Verhalten unabhängig von ihm als Person sehen (siehe S. 37).

Eltern von tollen Kindern maßregeln im Privaten

Stellen Sie sich vor, Ihr Kind hat etwas unglaublich Falsches getan, zum Beispiel ein anderes Kind geschlagen. Sie laufen hinüber und beginnen, Ihr Kind zu maßregeln. Moment!

Eine schnelle Reaktion ist gut, Kinder lernen schließlich durch sofortiges Feedback am besten. Aber wenn Sie Ihr Kind in der Öffentlichkeit maßregeln, auch wenn es sich für Ihr Kind nur so anfühlt, dann wird Ihr Kind möglicherweise überhören, was Sie ihm sagen wollen (und auch, was es besser machen soll).

Den meisten Kindern, vor allem, wenn sie schon ein wenig älter sind, sind ihre Freunde und ihr soziales Image wahnsinnig wichtig. Sie in der Öffentlichkeit zu maßregeln ist beschämend und ist ihnen peinlich. Das sind starke Gefühle, die das, was Sie Ihnen beibringen wollen, überschatten können.

Weil Sie mit Ihrer Maßregelung erreichen wollen, dass Ihr Kind sich das nächste Mal besser verhält (S. 80), sollte sie im privaten Raum stattfinden.

Probieren Sie es mal so: Das nächste Mal, wenn Sie Ihr Kind maßregeln, vergewissern Sie sich, dass niemand sonst Ihr Gespräch verfolgen kann. Je nachdem können Sie dafür zum Auto, ins Freie oder irgendwo hinein gehen. Wenn Sie versuchen, einen privaten Raum für das Gespräch zu suchen, werden Ihre Maßregelungen auf fruchtbareren Boden fallen.

Eltern von tollen Kindern vermeiden Maßregelung, wenn sie selbst hungrig oder müde sind

»Wenn *wer* hungrig oder müde ist?«, wundern Sie sich vielleicht. Eigentlich sollten Sie beide nicht müde oder hungrig sein. Wenn Sie müde oder hungrig sind, ist es wahrscheinlicher, dass Sie die Geduld verlieren und auf eine Situation reagieren, anstatt mit ihr umzugehen (S. 42).

Auch wenn Kinder müde oder hungrig sind, wirkt sich das negativ aus, denn sie können sich nicht auf das konzentrieren, was Sie vermitteln wollen. Weil Sie Ihrem Kind etwas beibringen wollen (S. 80), wenn Sie es maßregeln, sollten Ihre Kinder psychisch und physisch gut versorgt sein (also satt und ausgeruht), um von ihren Fehlern zu lernen und es das nächste Mal besser zu machen.

Wenn es nicht möglich ist, die Situation zu ignorieren (weil beispielsweise eine Regel absichtlich gebrochen wurde), sollten Sie eine Technik anwenden, die ich »Platzhalter« (S. 169) nenne. So machen Sie auf das Problem aufmerksam und besprechen es, wenn Ihre Kinder satt und ausgeruht sind und *alle* sich beruhigt haben.

Probieren Sie es mal so: »*Ich habe bemerkt, dass du* [fassen Sie das Problem zusammen]. *Wir sind beide müde und hungrig, besprechen wir das also, wenn wir ausgeruht sind und etwas gegessen haben.*«

Eltern von tollen Kindern sehen das Ziel der Maßregelung im Lernen, nicht im Bestrafen

Maßregelung sollte immer Lernen als Ziel haben. Das Wort »disziplinieren« leitet sich vom lateinischen »disciplina« (»Unterricht, Zucht, Ordnung«) ab.

Weil das Ziel der Disziplin das Lernen ist, ist Disziplin nicht dasselbe wie Bestrafung. Sie wollen Ihrem Kind keine Konsequenzen androhen, sondern erreichen, dass sich sein Verhalten ändert, ihm also etwas Neues beibringen.

Wir haben vielleicht gar nicht das Ziel, unsere Kinder zu bestrafen, aber wir müssen darauf Acht geben, wie es uns geht und welche Motivation wir verfolgen, damit wir sie nicht unabsichtlich bestrafen, sondern ihnen nachdrücklich etwas beibringen.

Wenn wir uns beispielweise wütend oder gestresst fühlen, während wir unsere Kinder maßregeln, ist es sehr wahrscheinlich, dass wir bestrafend sind. Gutes Beispiele dafür sind eine unverhältnismäßige Konsequenz oder physische Aggression (z. B. den Arm unseres Kindes zu packen, wenn wir es ins Kinderzimmer bringen wollen). Das gilt auch, wenn wir die Grenze vermeintlich nicht überschreiten, unser Kind also nicht schlagen.

Wenn wir aggressiv mit unseren Kindern umgehen oder unverhältnismäßige Konsequenzen ziehen, richtet sich die Aufmerksamkeit unserer Kinder auf unser unfaires Verhalten, weg von dem, was wir ihnen eigentlich vermitteln wollten.

Wenn wir aber, im Gegensatz dazu das Lernen als Ziel unseres Maßregelns erheben, verändern sich unsere Herangehensweise und unsere Einstellung. Mit diesem Ziel ist es wahrscheinlicher, dass wir liebevoll maßregeln (S. 96), vernünftige Konsequenzen ziehen (S. 131), empathisch sind (S. 31) und uns auf das Verhalten des Kindes konzentrieren (S. 37).

Das Lernen als Ziel des Maßregelns zu sehen hilft uns dabei, unsere emotionale Bindung zu unseren Kindern aufrechtzuerhalten, selbst wenn wir Konsequenzen ziehen müssen.

Probieren Sie es mal so: Setzen Sie sich als Ziel, Maßregelung nur als Mittel einzusetzen, wenn Sie Ihrem Kind etwas beizubringen, beispielsweise persönliche Grenzen zu beachten, andere zu respektieren, fair zu sein etc.

Achten Sie besonders auf Ihre Stimmung (siehe S. 53, S. 55 und S. 58) und maßregeln Sie nicht, wenn Sie wütend oder gestresst sind (siehe S. 140). In solchen Fällen sollten Sie einen »Platzhalter« (S. 169) verwenden und das Problem ansprechen, wenn Sie sich beruhigt haben.

Sie können sich auch im Vorhinein gerechtfertigte Konsequenzen für verschiedene Situationen ausdenken, um in solchen Situationen nicht unfair und unverhältnismäßig zu reagieren. Dabei helfen Ihnen die Richtlinien bei Tipp (S. 131).

Eltern von tollen Kindern verstehen, dass ihre Kinder anders funktionieren

Besonders Eltern von jungen Kindern sind oft frustriert, weil alles *sooo lange* dauert, sie ihre Kinder so oft erinnern und Dinge wiederholen müssen, bis etwas sitzt.

Bevor ich Mutter war, ging es frühmorgens sehr schnell. Jetzt scheint es mindestens doppelt so lange zu dauern, bis ich morgens das Haus verlassen kann. Man bittet sein Kind, sich die Schuhe anzuziehen, und zehn Minuten später sitzt es im Wohnzimmer und spielt mit seinen Bauklötzen. Die Schuhe sind zu diesem Zeitpunkt längst vergessen. Oder man bittet bittet das Kind, den Mantel aufzuhängen, wenn es von der Schule kommt. Dennoch finden Sie den Mantel immer wieder auf dem Boden vor der Tür. Kinder zu haben ist zeitintensiv und bedeutet, sich immer wieder wiederholen zu müssen.

Das hat auch einen guten Grund: Kinder funktionieren anders als Erwachsene. Erwachsene sind meistens dazu in der Lage, eine Aufgabe zu verstehen und sich darauf zu konzentrieren. Kinder sind abgelenkt (zumindest sehen wir Eltern das so). Dieses Abgelenktsein frustriert Eltern: Sie fühlen sich oft, als müssten sie ihre Kinder immer wieder daran erinnern, worum sie sie gerade gebeten haben, und immer dasselbe sagen.

Wenn Sie bemerken, dass Ihr Kind »abgelenkt« ist, denken Sie daran: Kinder sind noch auf Neugier und Lernen gepolt. Ihr präfrontaler Kortex (wo unsere Planung und Konzentration verankert sind) ist noch nicht voll entwickelt. Das ist der Grund, aus dem sie alles erkunden, dabei aber auch wahnsinnig flexibel sind. Forscher sind der Meinung, dass genau das dafür verantwortlich ist, dass wir uns als Art entwickeln konnten. Der Psychologe Alison Gopnick erklärte einmal, dass Babys und Kleinkinder die Forschungs- und Entwicklungsabteilung unserer Art sind. Ohne Kinder und ihre einzigartigen Gehirne wären wir Menschen bei Weitem nicht so lernfähig.[10]

Gleichzeitig bedeutet Lernen auch, etwas oft wiederholen zu müssen. Wir probieren etwas, bekommen Feedback von anderen Menschen und/oder unserer Umwelt, verstehen, was funktioniert und was nicht, und versuchen es noch einmal. Und noch einmal. Und noch einmal. Kinder brauchen viele Möglichkeiten, etwas immer wieder zu versuchen und nochmal zu versuchen, um zu lernen (siehe auch S. 179 und S. 181).

Kinder können ihre Umwelt auch nicht so gut wahrnehmen wie Erwachsene, wenn sie sich gerade auf etwas konzentrieren. Diese Fähigkeit wird oft als periphere Wahrnehmung bezeichnet, wir nennen dieses Phänomen auch gern »hören, aber nicht zuhören«. Eltern nehmen das oft wahr, wenn sie ihrem Kind, das vielleicht sogar neben ihnen steht, eine Frage stellen, aber keine Antwort bekommen.

Eltern denken dann oft, dass sie ignoriert werden (und werden wütend oder frustriert). Dabei ist es sehr wahrscheinlich, dass ihr Kind gerade »versehentliche Blindheit« erfährt, also gar nicht mitbekommt, dass etwas außerhalb seiner Gedankenwelt passiert.

Geben Sie Ihren Kindern also einen Vertrauensvorschuss (S. 101), wenn sie abgelenkt sind oder sie Sie scheinbar ignorieren. Vielleicht helfen Ihnen ja die folgenden Tipps.

Probieren Sie es mal so: Verändern Sie Ihre Perspektive. Versuchen Sie, das Abgelenktsein Ihrer Kinder als wichtigen Bestandteil ihrer Entwicklung zu sehen. Denken Sie daran, dass gerade junge Kinder sich wirklich nicht zu helfen wissen: Ihre Gehirne haben die Fähigkeit, sich zu konzentrieren und die Aufmerksamkeit auf etwas Bestimmtes zu richten, noch nicht völlig entwickelt.

Um es mit einer anderen Analogie von Gopnik auszudrücken: Die Gehirne von Erwachsenen sind wie eine Taschenlampe. Sie können sich auf ein bestimmtes Objekt richten, alles andere wird ausgeblendet. Die Gehirne von Kindern sind eher wie Laternen, sie beleuchten wahllos alles, das interessant oder spannend sein könnte.

Wenn wir das Abgelenktsein unserer Kinder weniger als Unannehmlichkeit oder sogar Beleidigung sehen, sondern ihre unglaubliche Fähigkeit, Neues zu entdecken und zu lernen, im Auge behalten, dann verändert sich unsere Perspektive und wir können die nötige Geduld aufbringen.

Wenn wir uns von unseren Kindern ignoriert fühlen, weil wir sie um etwas bitten, sie aber auf dem Boden sitzen bleiben und weiterspielen, dann versuchen Sie, sich daran zu erinnern, dass Ihr Kind Sie vielleicht nicht gehört hat, auch wenn es direkt neben Ihnen spielt.

Stellen Sie stattdessen sicher, dass es wirklich zuhört:

1. Gehen Sie zu Ihrem Kind.
2. Stellen Sie vorsichtig Körperkontakt her (indem Sie beispielsweise Ihre Hand auf den Arm Ihres Kindes legen).
3. Stellen Sie Blickkontakt her, bevor Sie mit Ihrem Kind sprechen. Besonders für jüngere Kinder ist es hilfreich, sich auf ihre Augenhöhe zu begeben (was auch klarstellt, dass es nicht effektiv ist, durch das Treppenhaus zu rufen, um die Aufmerksamkeit Ihres Kindes zu bekommen).

Wenn all das nicht funktioniert, versuchen Sie abzuschätzen, ob Ihre Kinder gerade ein Experiment wagen, um zu sehen, was passiert, wenn Sie nicht reagieren (siehe S. 96).

Eltern von tollen Kindern verstehen, was sie sagen und wie sie es tun

Kommunikation ist immer sowohl verbal als auch nonverbal. Verbale Kommunikation meint die Worte, die wir verwenden, um etwas zu sagen. Nonverbale Kommunikation ist alles andere: Gestik, Haltung, Stimmlage, Augenkontakt, Gesichtsausdruck und dergleichen.

Worte haben viel Macht (siehe S. 39), aber die Forschung zeigt, dass auch die nonverbale Kommunikation starke Auswirkungen auf das hat, was der Hörer versteht. Nonverbale Kommunikation kann sogar das, was wir sagen, in den Hintergrund rücken lassen oder seine Bedeutung verändern.

Wir müssen uns also nicht nur auf das konzentrieren, *was* wir sagen, sondern auch *wie* wir etwas sagen.

Wir alle haben die Macht der nonverbalen Kommunikation schon am eigenen Leibe erfahren. Worte, die sich wie Lob anhören, aber sarkastisch, ja sogar wie Kritik klingen. Worte, die eigentlich Liebe ausdrücken, aber so desinteressiert gesprochen werden, dass wir uns unsicher sind.

Darauf zu achten, was wir sagen und wie wir es sagen, bedeutet, nicht nur das wahrzunehmen, was wir mit unseren Worten, sondern auch, was wir mit unserer Stimme und unserem Körper ausdrücken (siehe auch S. 58). Wenn beides nicht zusammenpasst, nenne ich das »sprachliches Missverhältnis«.

Missverhältnis meint, dass etwas inkonsistent ist oder nicht harmonisch. Wenn unser Kind fragt, ob wir ihm gerne beim Klavierspielen zuhören, und wir sagen: »Ja, Schatz, ich höre dir wirklich gerne zu«, aber unsere Stimme passt nicht zu dem, was wir sagen (sie klingt zum Beispiel nicht enthusiastisch), dann kann dieses nonverbale Signal unseren Worten eine Bedeutung geben, die wir nicht beabsichtigen.

Dies gilt ebenso, wenn unser Kind fragt, ob alles in Ordnung ist, und wir sagen: »Ja klar, es ist alles in Ordnung«, in einer Stimmlage, die unterdrückt aggressiv oder unheimlich traurig klingt. Die Worte, die wir aussprechen, passen nicht zu unserer Stimme. Auf die Dauer kann dieses Missverhältnis unseren Kindern beibringen, dass sie sich nicht auf ihre Intuition und nicht einmal auf uns verlassen können (»Ich habe das Gefühl, dass etwas nicht in Ordnung ist, aber Mama sagt, dass alles okay ist«). (Siehe auch S. 55.)

Dieses Missverhältnis muss nichts Negatives sein. Humor spielt oft mit dieser Art von Missverhältnis, wenn das, was wir sagen, sich von unserer Stimmlage unterscheidet. Es geht darum, sich bewusst zu machen, was man sagt *und* wie man es sagt, und sich immer wieder zu fragen, ob man das ausdrückt, was man beabsichtigt.

Probieren Sie es mal so: Achten Sie darauf, was Sie sagen und wie Sie es sagen. Bitten Sie Freunde und Familie um Feedback. Wird das, was Sie sagen, durch nonverbale Signale unterstützt? Passen Ihre Körpersprache und Ihre Stimmlage zu dem, was Sie sagen wollen?

Eltern von tollen Kindern verstehen, dass das, was man tut, wichtiger ist als das, was man sagt

Die meisten Eltern, mich eingeschlossen, wünschen sich manchmal, dass sie einfach sagen könnten: »Tu, was ich sage, und nicht, was ich tue.« Aber das Verhalten, das wir an den Tag legen, hat einen großen Einfluss darauf, was unsere Kinder lernen.

Vor Jahren hatte ich eine Patientin, die nebenbei erwähnte, dass ihr Sohn sehr dramatisch reagierte, wenn seine Fußballmannschaft verlor. »Wenn seine Mannschaft verliert, ist er sehr traurig. Ganz ehrlich, er reagiert, als hätte er ganz allein verloren. Sein Vater und ich haben ihm immer gesagt, dass es nicht wichtig ist, wer gewinnt und wer verliert. Wir sind ja auch nicht traurig, wenn sein Team verliert. Ich verstehe nicht, warum er so reagiert.«

Als wir uns uns genauer ansahen, wie es die Familie mit Sport und Gewinnen hielt, erzählte sie, dass ihr Mann gerne Baseball schaue und ein großer Yankees-Fan sei. Als ich sie fragte, wie ihr Mann reagiere, wenn sein Team verliere, sagte sie: »Wenn die Yankees verlieren, dreht mein Mann durch. Manchmal schreit er sogar den Fernseher an. Oh!«

Sie und ihr Mann meinten es wirklich ernst, wenn sie sagten, dass es nicht wichtig sei, wer gewinne und wer verliere. Aber das Verhalten ihres Mannes war ein anderes. Wenn unser Verhalten nicht zu dem passt, was wir unseren Kindern vermitteln wollen, führt das zu Unverständnis.

Ein anderes Beispiel: Wenn Eltern ihren Kindern immer sagen, dass Schulnoten nicht das Wichtigste auf der Welt sind, aber immer, wenn ihre Kinder nach Hause kommen, fragen, wie der Test gelaufen ist oder ob die Hausaufgaben abgegeben wurden, dann sendet das ebenfalls widersprüchliche Signale.

Und wenn wir unseren Kindern erklären, dass es nicht in Ordnung ist, zu schreien, wir aber später mit ihnen schreien (oder das Gespräch fortführen, obwohl unsere Kinder mit uns schreien, siehe S. 177), dann passt das, was wir sagen, nicht zu unserem Verhalten. Dasselbe gilt, wenn wir unserem Kind eine Ohrfeige geben und später erklären, dass Gewalt keine Lösung ist. Sie verstehen, was ich meine?

Weil Kinder aus dem lernen, was sie sehen und erfahren, müssen wir darauf Acht geben, was wir mit unserem Verhalten ausdrücken (siehe auch S. 85).

Probieren Sie es mal so: Erstellen Sie eine Liste der fünf oder zehn wichtigsten Werte, die Sie Ihren Kindern vermitteln möchten. Beispiele dafür wären Ehrlichkeit, Integrität, Verantwortung, Hilfsbereitschaft und Empathie. Überlegen Sie sich für all diese Werte, was Sie Ihren Kindern sagen, aber auch, wie Sie diese Werte leben.

Jetzt wird es schwieriger: Beobachten Sie Ihr Verhalten. Finden Sie Differenzen zwischen dem, was Sie sagen, und dem, was Sie tun?

Zum Beispiel:

- Sagen Sie Ihrem Kind, dass es nicht wichtig ist, wer gewinnt und wer verliert, schreien aber den Fernseher an, wenn Ihr Team verliert?
- Sagen Sie Ihrem Kind, dass es Spaß macht, zu teilen, aber ignorieren obdachlose Menschen?
- Sagen Sie Ihrem Kind, dass es wichtig ist, zu lesen, sitzen aber selbst vor dem Fernseher, wenn Sie nach der Arbeit nach Hause kommen?

Wenn Sie bei Ihrem Kind problematisches Verhalten beobachten, dann untersuchen Sie Ihr eigenes Verhalten ganz genau. (Siehe auch S. 25.)

Eltern von tollen Kindern geben ihren Kindern Nachhilfe in Sachen Gefühle

Viele Eltern glauben, dass es ausreicht, ihre Kinder im Sport und in der Schule zu unterstützen. Aber wenn Sie wollen, dass es Ihren Kindern gut geht und sie ein erfolgreiches Leben führen, dann müssen Sie ihnen dabei helfen, emotionale Intelligenz zu erwerben.

Emotionale Intelligenz ist die Fähigkeit, ihre Gefühle zu erkennen und zu verstehen, sie auszudrücken und sie zu bewältigen. Selbstbewusstsein (S. 60) und emotionale Intelligenz sind die wichtigsten Fähigkeiten, Situationen zu bewältigen, anstatt einfach auf sie zu reagieren (S. 42).

Kinder, die gelernt haben, ihre Gefühle zu erkennen und zu verstehen, sind stressresistenter, haben bessere soziale Fähigkeiten, weniger Verhaltensprobleme, weniger Angst, geringere Chancen, depressiv zu werden, und noch viele andere Vorteile.[11]

Nachhilfe in Sachen Gefühle kann das Wichtigste sein, das Sie Ihrem Kind geben.[12] Und so funktioniert es:

1. Erkennen. Kinder müssten wissen, was sie fühlen, bevor sie sich überlegen können, wie sie mit ihren Gefühlen umgehen sollen.
   Eltern können Kindern dabei helfen, ihre Gefühle zu verstehen und zu benennen, indem sie mit ihnen Empathie (S. 31) und Perspektivenwechsel (S. 34) üben und nicht nur Wörter wie »wütend« und »traurig« gebrauchen, sondern auch solche, die sie die unglaubliche Bandbreite der Gefühle nuanciert ausdrücken können, zum Beispiel »enttäuscht«, »frustriert«, »beschämt«, »nachdenklich« und »glücklich«. Mit einem größeren Gefühlswortschatz wächst auch die emotionale Intelligenz.

2. Anerkennen. Zeigen Sie Ihren Kindern, dass Sie verstehen, was sie fühlen. Auch dafür brauchen Sie Empathie und Perspektivenwechsel. Aber Anerkennung bedeutet nicht, dass Sie das Verhalten, mit dem Ihre Kinder ihre Gefühle ausdrücken, gutheißen. Sie können mit der Wut Ihres Kinders sympathisieren (Gefühl), wenn ein anderes Kind sein Spielzeug weggenommen hat, es aber maßregeln, wenn es das andere Kind schlägt (Verhalten).

3. Üben. Sprechen Sie mit Ihrem Kind darüber, wie es das nächste Mal mit so einer Situation umgehen kann, um sie positiv zu bewältigen. Vorausplanung und Übung (S. 181) sind wichtige Hilfsmittel, Ihren Kindern neue Möglichkeiten aufzuzeigen. Wenn Sie mit Ihren Kindern üben, ist es wahrscheinlicher, dass sie in Zukunft anders handeln.

4. Bewältigen. Verschiedene Techniken für den Umgang mit starken Gefühlen können erklärt und geübt (Schritt 3) werden. Idealerweise leben Sie Ihrem Kind diese Gefühlsregulation auch vor. Bringen Sie Ihren Kindern verschiedene Techniken für den Umgang mit Gefühlen bei, sodass sie nicht auf Situationen reagieren, sondern sich beruhigen und bewusste Entscheidungen über ihr Verhalten treffen. Kindern fällt es besonders schwer, sich neues Verhalten anzueignen, wenn sie von ihren Gefühlen übermannt werden.

Hier sind ein paar Techniken, mit denen sich Gefühle regulieren lassen:

- tiefes Atmen
- Power-Posing: Power-Posing bedeutet laut der Psychologin Amy Cuddy, dass man gewisse Körperhaltungen (Posen) einnimmt, die Stress reduzieren und Selbstbewusstsein stärken. Ein Beispiel für eine Power-Pose ist, sich aufzurichten, die Schultern breit zu machen, mit den Füßen breit und fest zu stehen und die Hände in die Hüften zu stemmen.
- negative Gefühle anfechten
- an die frische Luft gehen
- mit einer Vertrauensperson sprechen
- Sport machen
- Musik hören

- sich positive Ereignisse vorstellen
- an inspirierende Menschen denken
- meditieren oder beten
- Dankbarkeit und Freundlichkeit üben

Probieren Sie es mal so: Stellen Sie sich vor, Ihr Kind sagt oder tut etwas, das Ihren Regeln widerspricht. Ihr Sohn hat beispielsweise einem anderen Kind den Ball weggenommen, weil es ihn nicht mit ihm teilen wollte.

So können Sie Ihrem Kind Nachhilfe in Sachen Gefühle geben:

1. Erkennen. *»Schatz, ich habe gehört, was heute wegen des Balles passiert ist. Für mich klingt das so, als wollte Henry den Ball nicht mit dir teilen, weswegen du frustriert geworden bist.«* (Zuhören)
2. Anerkennen. *»Ich verstehe, warum du wütend und frustriert warst, als Henry nicht teilen wollte. Er hat sich nicht an die Regeln gehalten. Er hätte mit dir teilen sollen und es war nicht richtig, dass er nicht mit dir geteilt hat. Ich wäre in dieser Situation auch frustriert gewesen.«* (Zuhören)
3. *»Allerdings* (S. 33) *war es auch nicht in Ordnung von dir, ihm den Ball wegzunehmen, auch wenn das, was Henry getan hat, nicht in Ordnung war und er mit dir hätte teilen müssen* (Konzentrieren Sie sich auf das Verhalten). *Wenn wir jemandem etwas wegnehmen, dann ist das respektlos* (Grund).«
4. Üben. Warten Sie mit diesem Schritt, bis Ihr Kind ruhig und aufnahmefähig ist. *»Lass uns darüber sprechen, was du das nächste Mal tun könntest. Welche Ideen hast du dafür mit so einer unfairen Situation umzugehen?«*
5. Bewältigen. Entlocken Sie Ihrem Kind einige Ideen zu Alternativen, bieten Sie auch Ihre eigenen an. Dann sprechen Sie über die Vor- und Nachteile der Alternativen. Helfen Sie Ihrem Kind, eine Alternative auszuwählen, die gut funktioniert. Dann üben Sie die Situation mit ihm und sprechen über Strategien zur Regulation von Gefühlen, die ihm dabei helfen können, ruhiger zu bleiben. *»Stell dir vor, ich wäre Henry. Ich tue jetzt, was er getan hat, und du versuchst, zu tun, was wir gerade besprochen haben. Erinnere dich an die Beruhigungsübung, bei der du tief ein- und ausatmen sollst.«*

Jetzt üben Sie die Situation mit Ihrem Kind. Das Ziel ist, diese neue Methode so einzuüben, dass Ihr Kind sie auch in stressigen Situationen anwenden kann. Das ist keine Garantie dafür, dass die Situation das nächste Mal besser bewältigt wird, aber nach und nach wird Ihr Kind immer besser darin, seine Gefühle zu bewältigen und bessere Entscheidungen zu treffen.

Eltern von tollen Kindern fördern Selbstkontrolle

In den berühmten Marshmallow-Experimenten testeten Forscher bei Schülern die Selbstkontrolle und die Fähigkeit, Befriedigung hinauszuzögern. Dafür wurden die Schüler in einen Raum gesetzt, in dem auch eine verlockende Süßigkeit platziert wurde. Gemessen wurde, wie lange die Schüler warten konnten. Es stellte sich einige Jahre später heraus, dass die Kinder mit der höchsten Selbstkontrolle auch die besten Noten hatten. Ihre Fähigkeit, sich selbst zu kontrollieren und das Marshmallow nicht sofort zu essen, war sogar ein besserer Indikator für ihre späteren Leistungen im Studium als IQ-Tests.

Weitere Forschung zeigt, dass Selbstkontrolle auch mit Stressresistenz, Konzentration, Empathie, Gefühlsregulierung (siehe S. 89) und Sozialkompetenz zusammenhängt.[13]

Eltern, die hoffen, dass ihre Kinder später einmal erfolgreich werden, konzentrieren sich oft auf Nachhilfe, außerschulische Aktivitäten und Lernförderung. Aber die Forschung zeigt, dass es sozusagen eine Hintertür gibt, die sogar besser als all das funktioniert: Selbstkontrolle.

Anstatt sich darauf zu konzentrieren, was Ihre Kinder leisten, können Sie ihnen dabei helfen, erfolgreich zu werden, indem Sie Ihnen beibringen, sich zu gedulden und zu kontrollieren.

Besonders für jüngere Kinder ist das fantasievolle Spielen (siehe S. 150) eine wichtige Möglichkeit, Selbstkontrolle zu üben. Während des Spielens setzen Kinder eigene Regeln, die sie auch respektieren, wenn das Spiel ihnen Spaß macht. Die Neurowissenschaftler Sandra Aamodt und Sam Wang beschrieben in ihrem Buch *Welcome to Your Child's Brain: Die Entwicklung des kindlichen Gehirns von der Zeugung bis zum Reifezeugnis*, dass man, wenn man so tut, als sei man in der Schule, einen Lehrer oder einen Schüler spielen muss und gleichzeitig seinen Wunsch, einen Piloten zu spielen, unterdrücken muss. Das ist für Kinder die früheste Erfahrung der Selbstkontrolle.

Selbstkontrolle ist eine Fähigkeit, die geübt werden kann. Stellen Sie also sicher, dass Ihre Kinder viele Möglichkeiten haben, zu üben. Denken Sie daran, dass es nicht darum geht, Regeln zu befolgen, um anderen zu gefallen oder einer Bestrafung zu entgehen, sondern darum, Impulse zu kontrollieren, um ein Ziel zu erreichen. (Im Marshmallow-Experiment wurden Kinder nicht bestraft, wenn sie die Süßigkeit gleich gegessen hatten, auch nicht gelobt, wenn sie gewartet hatten. Aber den Kindern wurde gesagt, dass sie ein zweites Marshmallow bekämen, wenn sie warteten.)

Vergessen Sie nicht, dass sich die Fähigkeit zur Selbstkontrolle von Kind zu Kind unterscheidet. Beginnen Sie also da, wo Ihre Kinder jetzt sind. Das Ziel ist es, dass Ihre Kinder diese wichtige Fähigkeit erwerben. Konzentrieren Sie sich also auf ihre Fortschritte und loben Sie sie dafür, *dieses Mal* besser gewesen zu sein, anstatt sie mit anderen zu vergleichen.

Mit anderen verglichen zu werden, die besser sind als man selbst, oder etwas tun zu müssen, bei dem man ständig versagt, ist entmutigend. Ihre Kinder fühlen sich dann minderwertig und wollen nicht mehr üben. Geben Sie Ihren Kindern also positives Feedback, wenn sie Erfolge erzielen (siehe auch S. 118).

Probieren Sie es mal so: Geben Sie Ihren Kindern zunächst genug Zeit, alleine zu spielen. Wie bereits gesagt ist dieses fantasievolle Spielen eine großartige Möglichkeit, schon früh Erfahrungen mit Selbstkontrolle zu machen. Der Spaß, den Ihre Kinder dabei haben, ist Motivation genug.

Kinder können ihre Selbstkontrolle auch mit ihren Eltern üben, etwa, wenn sie mit ihnen ein Spiel spielen, das Struktur hat, bei dem man sich zum Beispiel abwechseln muss. Aamodt und Wang schlagen vor, Brettspiele zu spielen. Wichtig ist dabei, dass Eltern ihren Kindern erlauben, sich selbst zu kontrollieren (z. B. sollten Sie Ihre Kinder nicht daran erinnern, dass sie nicht am Zug sind).

Wenn es Ihren Kindern schwerfällt, sich während des Spiels zu kontrollieren, dann probieren Sie es doch mit anderen Aktivitäten, bei denen sie ihre Selbstkontrolle üben können. Gehen Sie dabei von den

Fähigkeiten aus, die Ihre Kinder jetzt haben.

Denken Sie daran, dass das Üben von Selbstkontrolle zu mehr Selbstkontrolle führt, auch wenn Ihre Kinder älter werden. Je öfter wir üben, desto besser werden wir.[14]

Ein weiterer Aspekt, der die Selbstkontrolle von Kindern stärkt, ist liebevolle, herzliche Erziehung. Lesen Sie dafür S. 62, S. 107 und S. 184. Lesen Sie auch S. 42 und S. 47.

Eltern von tollen Kindern sehen ihre Kinder als kleine Entdecker und Wissenschaftler

Vieles von dem, was wir als »schlechtes« Benehmen wahrnehmen, ist eigentlich Entdecken und Ausprobieren. Kinder sind von Natur aus neugierig und es ist ihre Aufgabe, herauszufinden, wie die Welt funktioniert, wie sie bekommen, was sie brauchen und wollen. Wie Wissenschaftler »experimentieren« auch sie.[15]

Diese »Experimente« sind meiner Ansicht nach in zwei Bereiche aufzuteilen: die natürliche und die soziale Welt. Die natürliche Welt ist das, was Erwachsene als Physik (man schüttet Wasser aus, wenn man den Becher schräg hält), Chemie (wenn man Milch in Mamas Bier schüttet, ändert sich die Farbe), Bauwesen (wenn ich Papas Ring in der Toilette runterspüle, kommt er nicht wieder) und dergleichen bezeichnen würden.

Stellen Sie sich die Welt aus der Perspektive Ihres Kindes vor: Wenn Sie nicht verstünden, wie Schwerkraft funktioniert, würden Sie vielleicht auch Dinge fallen lassen, um zu sehen, ob sie wirklich immer runterfallen. Kinder erfahren die Welt wirklich anders als Erwachsene (siehe auch S. 82).

Der zweite Bereich, die soziale Welt, ist besonders spannend. Experimente in der sozialen Welt konzentrieren sich auf die wichtigsten Menschen im Leben des Kindes: Eltern, Geschwister, Familienmitglieder, Kindergärtner und Lehrer. Kinder wollen verstehen, wie diese einzelnen Menschen funktionieren und wie sie von ihnen das bekommen, was sie wollen: Liebe, Zuneigung, noch fünf Minuten auf dem Spielplatz, Eis, Fernsehzeit, Privatsphäre und dergleichen.

Jede Person reagiert anders auf diese Fragen (Wie funktionierst du? Was passiert, wenn ich ___? Wie bekomme ich von dir ___?). Um das zu verstehen, müssen Kinder mit uns »experimentieren«. Wir verstehen diese Experimente oft als Geduldsprobe. Wenn Sie das Gefühl haben, dass Ihr Kind sich nicht benimmt, dann stellen Sie sich doch vor, dass es einen kleinen, weißen Wissenschaftlerkittel trägt und sich Notizen macht, wie Sie reagieren: *»Wenn ich in der Öffentlichkeit anfange zu schreien, dann bekomme ich eher, was ich möchte. Zu Hause funktioniert das nicht so gut. Interessant ...«*

Wenn wir wollen, dass Kinder verstehen, dass wir meinen, was wir sagen, dass sie sich darauf verlassen können, dass wir auch wirklich tun, was wir sagen, dass wir gerecht und und unser Verhalten nachvollziehbar sind, dann müssen wir ihnen das jeden Tag zeigen.

Wenn wir das Verhalten unserer Kinder aus dieser Perspektive sehen, als Experiment, aus dem sie wichtige Informationen über andere Menschen und ihre Umwelt ziehen möchten, dann nehmen wir es auch weniger persönlich, wenn sie ihre Grenzen austesten oder uns ignorieren.

Probieren Sie es mal so: Das nächste Mal, wenn Ihr Kind schwieriges Verhalten an den Tag legt, verändern Sie Ihre Perspektive und sehen dieses Verhalten als Experiment, durch das Ihr Kind verstehen möchte, wie Dinge funktionieren (sowohl in der Welt als auch in der Familie). Reagieren Sie angemessen.
Fragen Sie sich selbst: »Was soll mein Kind von mir wissen?«
Schreiben Sie drei oder vier Wörter auf (z. B. »freundlich«, »geduldig«, »lustig«, »nachvollziehbar«, »ausgeglichen«, »verlässlich«), die den Eindruck beschreiben, den Ihr Kind von Ihnen haben soll.
Versuchen Sie dann, sich selbst aus der Perspektive Ihres Kindes zu sehen. Wie könnten Ihre Kinder Sie sehen? Stimmt das, was Ihre Kinder sehen, mit Ihren Worten überein?
Sie können für jedes der Wörter zwei oder drei *bestimmte* Verhaltensweisen für Interaktionen mit Ihrem Kind aufschreiben, die Ihnen wichtig sind, und Ihrem Kind diese Qualitäten zeigen. Hier ist ein Beispiel für »verlässlich«:

1. Wenn meine Tochter mit mir spielen will und ich ihr sage, dass ich in einer Minute mit ihr spiele, dann werde ich nach einer Minute mit dem, was ich gerade tue, aufhören und mit ihr spielen (siehe auch S. 21).

2. Ich werde meinem Kind nicht versprechen, dass wir nächstes Wochenende ins Kino (oder in den Park) gehen, wenn ich das nicht ganz sicher tun will.

3. Wenn mein Sohn will, dass ich mir seinen neuen Skateboard-Trick ansehe, dann sage ich nicht: »Sobald ich meine Arbeit erledigt habe«, ohne mir eine Erinnerung zu schreiben, dass ich auch wirklich auf ihn zurückkomme.

Zuletzt arbeiten Sie diese Verhaltensweisen in Ihren Alltag ein. Suchen Sie sich jede Woche eine Verhaltensweise aus und setzen sie um. Jede Woche suchen Sie sich eine neue Verhaltensweise aus, bis sie schließlich zu Ihrem Alltag im Umgang mit Ihren Kindern geworden ist (siehe auch S. 64).

Eltern von tollen Kindern geben Vorschauen

Wenn Sie Ihr Wissen und Ihre Erfahrung mit Ihren Kindern teilen, aber nicht von ihnen erwarten, dass sie dieselben Entscheidungen treffen wie Sie, dann nennt man das Vorschau.

Vorschauen gehen einher mit dem Zulassen natürlicher Konsequenzen (S. 129). In Kombination mit ihnen sind sie eine gute Möglichkeit, Machtkämpfe (S. 158) zu minimieren und Ihren Kindern Autonomie zu geben (siehe S. 47 und S. 103).

Probieren Sie es mal so: Stellen Sie sich vor, Ihre Tochter besteht darauf, ihr neues Eisenbahn-Set mit in den Park zu nehmen. Sie sind dagegen, weil Sie glauben, dass Ihre Tochter dann Teile des Sets verliert oder dass sie kaputt gehen (und dass Ihre Tochter traurig sein wird). Statt Ihre Macht auszuspielen (»Nein, du kannst das Eisenbahn-Set nicht in den Park mitnehmen, sonst gehen Teile verloren oder es geht etwas kaputt«), können Sie Ihrem Kind eine Vorschau geben (Ihre Vermutung, was passieren wird, also die natürliche Konsequenz). Machen Sie Ihrer Tochter dabei klar, dass *sie* die Entscheidung treffen darf.[16]
»Schatz, ich verstehe, dass du die Eisenbahn wirklich gerne mitnehmen möchtest (Empathie S. 31). Ich glaube, dass einige Teile verloren gehen oder kaputt gehen könnten, wenn du das Set mit in den Park nimmst, weil dort auch so viele andere Kinder spielen. (Vorschau) Ich würde so ein besonderes Spielzeug nicht in den Park mitnehmen, aber das ist deine Entscheidung. (Machtteilung) Wir gehen in zwei Minuten los, entscheide dich bitte, ob du das Set mitnehmen möchtest oder nicht.«
Wenn sie das Set mitnehmen möchte und tatsächlich einige Teile verloren oder kaputt gehen (und sie weinend zu Ihnen kommt), dann sagen Sie nicht: »Ich hab es dir ja gesagt!« oder versprechen, Ihr ein neues Set zu kaufen. Stattdessen zeigen Sie Empathie (S. 31) und reflektieren (S. 140) gemeinsam mit Ihrer Tochter, was passiert ist und was sie das nächste Mal anders machen könnte.

»Oh nein! Dein Zug hat eine Delle abbekommen. Das muss dich sehr traurig machen. (Umarmung) Das ist der Nachteil, wenn man ein besonderes Spielzeug mit in den Park nimmt. Glaubst du, dass du das nächste Mal, wenn wir in den Park gehen, ein besonderes Spielzeug mitnehmen möchtest?«

Das nächste Mal, wenn sie ein Spielzeug mitnehmen möchte (und Sie glauben, dass das eine schlechte Idee ist), können Sie sie an ihre Erfahrung erinnern: »Ich sehe dass du gerne Spielzeug mitnehmen möchtest. Das ist natürlich deine Entscheidung. Ich kann mich noch erinnern, als du vor ein paar Monaten dein Eisenbahn-Set mit in den Park genommen hast und dir dann gewünscht hast, du hättest es nicht mitgenommen, weil es eine Delle abbekommen hat. Es ist möglich, dass das wieder passiert. Aber es gehört dir, also ist das deine Entscheidung.«

Eltern von tollen Kindern geben ihren Kindern einen Vertrauensbonus

Wenn Kinder sich nicht an die Regeln halten oder ihre Eltern enttäuschen, versuchen Eltern von tollen Kindern, ihnen – mit dem, was sie sagen, und dadurch, wie sie es sagen – zu vermitteln, dass sich ihre Kinder noch entwickeln und sie verstehen, dass ihre Kinder versuchen, es besser zu machen.[17]

Kinder, deren Eltern sie oft kritisieren oder ihnen zu verstehen geben, dass sie fehlerhaft sind (»Was stimmt mit dir nicht?« »Du machst mich wahnsinnig!« »Das ist doch verrückt!« »Du machst immer ___!« »Du tust nie ___!«), sind anfälliger für Depressionen und Angst und weisen mehr Aggression und weniger soziale Fähigkeiten auf.[18] (Siehe auch S. 39.)

Im Gegensatz dazu achten Eltern von tollen Kindern darauf, was sie sagen (ihren Worten) und *wie* sie es sagen (ihrer nonverbalen Kommunikation, siehe auch S. 85 und S. 87). Sie vermeiden Sarkasmus, Augenrollen, Schreien oder anderes aggressives Verhalten. Wenn sie mit einer Herausforderung konfrontiert werden (zum Beispiel Jammern, Schlagen, unkooperatives Verhalten oder Ausraster), dann konzentrieren sie sich auf das Verhalten ihres Kindes, statt den Fehler beim Kind zu suchen.

Eltern von tollen Kindern versuchen, ihre Kinder in einem positiven Licht zu sehen. Das bedeutet nicht, dass sie eine rosarote Brille tragen und glauben, dass ihre Kinder nichts falsch machen können. Aber es bedeutet, dass sie negatives Verhalten und Fehler als notwendigen Aspekt des Lernens sehen und glauben, dass sich ihre Kinder verbessern können. Sie sehen ihre Kinder als Prozess und sind optimistisch, dass ihre Kinder die Fähigkeit haben, durch Hilfe und Übung besser zu werden.

Probieren Sie es mal so: Das nächste Mal, wenn Ihr Kind sich falsch verhält (wenn Ihre Tochter beispielsweise bei einem Test geschummelt hat), erinnern Sie sich daran, dass Ihr Kind noch in Entwicklung ist und es besser machen möchte, bevor Sie das Gespräch suchen. Viele der Tipps in diesem Buch können Ihnen dabei helfen:

- Trennen Sie das Verhalten (Schummeln) Ihres Kindes von Ihrem Kind (siehe S. 37).
- Zeigen Sie Empathie für die Ziele (eine gute Note zu bekommen) Ihres Kindes, während Sie die problematische Methode (Schummeln), die es angewandt hat, um dieses Ziel zu erreichen (S. 67), besprechen.
- Zeigen Sie alternative Methoden auf (S. 69).
- Ziehen Sie angemessene Konsequenzen (S. 131).
- Bleiben Sie ruhig und sachlich (S. 140).
- Behalten Sie die emotionale Verbindung zu Ihrem Kind (S. 107).
- Bringen Sie Ihrem Kind Strategien zur Gefühlsregulation bei (S. 89).

Eltern von tollen Kindern teilen ihre Macht

Hatten Sie schon einmal einen unausstehlichen Chef? Einen, der Ihnen gesagt hat, was Sie tun sollen, wie Sie es tun sollen und wann Sie es tun sollen? Und noch schlimmer: Dieser Mensch kontrollierte Ihre Gehaltsabrechnung und Sie hatten keine andere Möglichkeit, als es geschehen zu lassen?

Wenn ja, dann können Sie vielleicht nachvollziehen, wie es ist, das Kind von Eltern zu sein, die wenig oder gar keine Autonomie erlauben. Kontrollierende Eltern geben ihren Kindern wenig Möglichkeit, selbstständig zu sein und ihre eigenen Entscheidungen zu treffen; sie meinen es gut, sie wollen ihre Kinder davor schützen, zu versagen. Aber diese Art und Weise der Erziehung birgt Gefahren (siehe S. 47, übererziehen).

In vielen Familien haben Eltern die Macht über Ressourcen (vielleicht weniger, wenn die Kinder älter werden). Die Hauptquelle der Macht für Kinder ist ihre emotionale Verbindung zu ihren Eltern, nämlich die Tatsache, dass ihre Eltern sie lieben und von ihnen geliebt werden wollen.

Wenn Kinder das Gefühl haben, dass ihre Familie nicht gerecht, fair oder nachvollziehbar ist, wenden sie vielleicht emotionale Strategien an, um das zu bekommen, was sie wollen (»Du verstehst mich nie!«, »Ich hasse dich!«). Oder sie tun so, als gäben sie den Wünschen der Eltern nach, tun aber heimlich das, was sie für richtig halten.

Eltern von tollen Kindern teilen ihre Macht mit ihren Kindern auf alters- und entwicklungsgerechte Weise. Kinder bekommen mehr Macht und Autonomie, wenn sie zeigen, dass sie die Fähigkeiten und das nötige Verantwortungsbewusstsein dafür haben. Kinder, deren Eltern ihnen Autonomie zugestehen, haben bessere Beziehungen zu ihren Eltern und sehen diese positiver.[19] Kinder, die selbstbestimmt sind, entwickeln auch bessere Selbstkontrolle[20], was einige positive Vorteile hat (siehe S. 93).

Zeigen Sie also ihren Kindern, dass Sie ihnen Selbstständigkeit zutrauen, wenn ihr Verhalten angemessen ist.

Probieren Sie es mal so: Wenn Sie bemerken, dass Sie Ihren Kindern vorschreiben, wie sie etwas zu tun haben, das sie eigentlich selbst entscheiden könnten, ziehen Sie sich zurück und geben Ihren Kindern den Raum, es selbst zu probieren. Sie werden selbst versuchen, Fehler machen und es noch einmal versuchen und so lernen (siehe auch S. 129).

Wenn Ihre Tochter beispielsweise darauf besteht, ihre Sandalen zu tragen, obwohl es draußen regnet, dann lassen Sie sie.[21] Anstatt Macht über die Schuhwahl (oder andere Entscheidungen Ihres Kindes) auszuüben, können Sie Ihrem Kind eine sachliche Vorschau (S. 99) dessen geben, was vermutlich passieren wird. Machen Sie dann klar, dass Ihr Kind diese Entscheidung selbst fällen darf. Diese Kombination wirkt Wunder.

So könnte das in der Praxis klingen: »*Schatz, ich sehe, dass du die Sandalen heute wirklich gerne anziehen möchtest, auch wenn es draußen regnet (Empathie). Ich glaube, dass du nasse und kalte Füße bekommen wirst, wenn du das tust. Deshalb empfehle ich dir, andere Schuhe anzuziehen (Vorschau), aber es ist deine Entscheidung (Macht teilen). Bitte entscheide dich, damit wir in fünf Minuten losgehen können.*«

Wenn Ihre Tochter keine nassen und kalten Füße haben möchte, wird sie diese Entscheidung vermutlich nicht noch einmal treffen. (Beachten Sie, dass der Unwille Ihres Kindes, nasse und kalte Füße zu haben, nicht dasselbe ist wie Ihr Unwille, dass sie nasse und kalte Füße hat.)

Eltern von tollen Kindern haben das Sagen

Das Prinzip, dass Eltern das Sagen haben, mag in Anbetracht des letzten Prinzips, in dem wir unsere Macht mit unseren Kindern teilen (S. 103), widersprüchlich erscheinen. Das Sagen zu haben, ich nenne es auch gerne »Autorität zeigen«, bedeutet aber, dass Sie sich Ihrer Macht als Elternteil bewusst sind und diese Macht nutzen und teilen können.

Im Gegensatz zu autoritären Erziehungsstilen (»Entweder so oder gar nicht!« oder »Weil ich das sage!«) und antiautoritären Erziehungsstilen (»Wie du willst« oder »Wenn du nicht möchtest, dann ist das okay«) ist der autoritative Erziehungsstil[22] die Balance zwischen den Wünschen Ihrer Kinder und festen, fairen Grenzen.

Autoritativ zu sein bedeutet, Ihren Kindern entwicklungsgerechte Autonomie zu geben, selbst Entscheidungen zu treffen und Fehler zu machen. Autoritativ zu sein bedeutet auch, dass Sie liebevoll, aber nicht zu nachsichtig, standhaft aber nicht energisch sind.

Bei diesem Erziehungsstil erziehen Sie Kinder durch Lernen, nicht durch Bestrafen (S. 80) und Sie konzentrieren sich erzieherisch auf das Verhalten Ihres Kindes, anstatt sich auf Ihr Kind als Person zu konzentrieren (S. 37).

Hier sind Beispiele, wie sie *nicht* autoritativ sind:

- Sie versuchen, Ihr Kind nicht traurig oder wütend zu machen, indem Sie keine Regeln aufstellen, die Ihrem Kind missfallen.
- Sie versuchen, Teil der Clique Ihres jugendlichen Kindes zu sein.
- Sie wenden physische Gewalt an, um Ihr Kind dazu zu bringen, zu tun, was Sie von ihm wollen.
- Sie geben Ihrem Kleinkind das, was es haben möchte, um einen Ausraster zu vermeiden.

Im Gegensatz dazu versuchen autoritative Eltern sachlich, standhaft, fair, vernünftig, konsistent, vorhersehbar, liebevoll und empathisch zu sein. Viele Praktiken in diesem Buch unterstützen diesen Erziehungsstil.

Vor allem vermeiden autoritative Eltern Scham (»Was stimmt mit dir nicht?«), Schuld (»Du machst mich wahnsinnig!«) und Angst (»Du wirst jetzt besser ___, sonst ___!«), um Regeln durchzusetzen (siehe S. 39). Stattdessen sind sie sachlich (S. 140), geben Gründe an (S. 120), sind konsistent (S. 137), zeigen Empathie (S. 31) und warnen ihre Kinder (S. 122). Sie konzentrieren sich außerdem auf ihre Beziehung zu ihrem Kind (S. 184) und bleiben liebevoll und herzlich, selbst wenn ihr Kind sich falsch verhalten hat (S. 107).

Probieren Sie es mal so: Autoritativ zu sein ist ein Erziehungsstil, der viele Verhaltensweisen umfasst. Lesen Sie die Prinzipien und Praktiken in diesem Buch, um Beispiele dafür zu finden, wie Sie mit Ihren Kindern umgehen sollten.

Eltern von tollen Kindern bleiben liebevoll und herzlich

Liebevoll und herzlich mit Ihrem Kind umzugehen fällt leichter, wenn Sie ein harmonisches Familienleben haben. Aber wenn Ihre Kinder Grenzen austesten oder sich schlecht benehmen, kann es eine Herausforderung sein. Wenn wir uns unseren Kindern emotional entziehen, um unseren Ärger und unsere Frustration auszudrücken, nutzen wir unsere Liebe als Bestrafung: *Ich liebe dich nur dann, wenn du dich so benimmst, wie ich es möchte.* Das ist bedingte Liebe.

Stattdessen wollen wir unseren Kindern Folgendes vermitteln: *Ich liebe dich immer, selbst wenn du dich schlecht benimmst.* Es ist wichtig, dass wir die emotionale Verbindung zu unseren Kindern aufrechterhalten, selbst (und ganz besonders) wenn wir Regeln aufstellen und Grenzen und Konsequenzen ziehen.

Vertrauen, Respekt und eine starke emotionale Verbindung sind die Grundlage einer guten Beziehung zu Ihren Kindern. Eine gute Beziehung zu Ihren Kindern ist wiederum die Grundlage für ein glückliches und harmonisches Familienleben (siehe S. 184). Und auch die Forschung zeigt, dass elterliche Liebe Kinder vor den Langzeiteffekten von Stress schützt.[23]

Liebevoll und herzlich zu sein bedeutet aber nicht, dass Sie zu nachsichtig oder zu großzügig sind. Liebevoll und herzlich zu sein bedeutet auch nicht, dass wir unangemessenen Wünschen unserer Kinder nachgeben oder ihnen erlauben, sich schlecht zu benehmen.

Stattdessen wollen wir liebevoll und herzlich sein, selbst wenn wir strikte und nachvollziehbare Regeln durchsetzen oder Erwartungen an das Verhalten unserer Kinder stellen.

Die meisten Tipps in diesem Buch sollen Ihnen helfen, diese Balance zu halten. Zum Beispiel: Empathie zeigen (S. 31), positive Berührungen einsetzen (S. 62), sachlich bleiben (S. 140), Kinder so akzeptieren, wie sie sind (S. 37), zwischen Kindern und ihrem Verhalten zu unterscheiden (S. 42), liebevoll maßregeln (S. 76), das Sagen haben (S. 105) und Kinder loben, wenn sie sich gut benehmen (S. 74).

Probieren Sie es mal so: Denken Sie daran, dass Ihr Kind als Person unabhängig ist von seinem Verhalten. Konzentrieren Sie sich auf Ihre Liebe zu Ihrem Kind als Person, wenn Sie sachlich mit problematischen Verhalten umgehen müssen. Erinnern Sie sich daran, dass Sie auch liebevoll maßregeln können.

Stellen Sie sich vor, Sie haben Ihr Kind gerade gemaßregelt. Es ist wütend in sein Zimmer gegangen, hat vielleicht sogar die Tür zugeknallt, um seine Frustration mitzuteilen. Es ist an der Zeit, Ihr Kind ins Bett zu bringen, und für gewöhnlich decken Sie Ihr Kind dabei immer zu und geben ihm einen Kuss auf die Stirn. Sollten Sie das heute nicht tun, weil es so wütend auf Sie ist (und Sie wütend auf Ihr Kind sind)? Nein, aus vorhin genannten Gründen.

Stattdessen tun Sie alles so, wie sie es immer tun, um die emotionale Verbindung zu Ihrem Kind aufrechtzuerhalten. Was, wenn Sie das Zimmer Ihres Kindes betreten und es möchte, dass Sie verschwinden, oder Ihr Kind sich gegen einen Gutenachtkuss? Erzwingen Sie nichts, aber machen Sie Ihrem Kind klar, dass Sie es gern zudecken möchten. Zeigen Sie durch das, was Sie sagen, und dadurch, wie Sie es sagen, dass Sie diese Situation als kleine Störung einer ansonsten liebevollen und herzlichen Beziehung sehen.

»Schatz, ich weiß, dass du gerade wütend bist, und ich merke, dass du heute keinen Gutenachtkuss haben möchtest. Bist du dir sicher? In Ordnung, dann sehe ich dich morgen früh. Ich liebe dich.«

Eltern von tollen Kindern behandeln ihre Kinder mit Respekt, Rücksicht und Freundlichkeit

Die meisten Eltern verlangen von ihren Kindern, dass sie bitte und danke sagen, also höflich sind, wenn sie mit ihnen oder anderen Erwachsenen sprechen.

Aber viele von diesen Eltern sagen selbst nicht bitte und danke, wenn sie mit ihren Kindern sprechen, vielleicht, weil sie es vergessen haben oder bestimmte Tätigkeiten ihrer Kinder als gegeben hinnehmen, weil sie als Eltern in der Position sind, Forderungen zu stellen (beachten Sie aber S. 103).

Wenn wir wollen, dass unsere Kinder gutes Benehmen lernen und auch in stressigen Situationen positives Verhalten zeigen, dann müssen wir ihnen das vorleben, und zwar nicht nur in unseren Interaktionen mit anderen Menschen, sondern auch ihnen gegenüber. Wenn wir aber regelmäßig unsere Kinder anschreien, bringen wir ihnen damit bei, dass Schreien eine akzeptable Form der Kommunikation ist.

Dieses Prinzip geht mit dem darauffolgenden Hand in Hand (S. 110).

Probieren Sie es mal so: Achten Sie darauf, wie Sie mit Ihren Kindern umgehen und sich ihnen gegenüber verhalten. Beobachten Sie, welches Verhalten Sie Ihren Kindern vorleben. Wenn Sie das nicht schon tun, dann achten Sie besonders darauf, bitte und danke zu sagen, wenn Sie mit ihnen sprechen oder sie um etwas bitten.
Wo man etwas vorleben könnte, lässt sich auch herausfinden, indem man die Situation umkehrt. Wären Sie glücklich, wenn Ihr Kind so mit Ihnen umginge, wie Sie mit Ihrem Kind umgehen? (Siehe auch S. 25.)

Eltern von tollen Kindern erwarten, dass ihre Kinder sie mit Respekt, Rücksicht und Freundlichkeit behandeln

Fast alle Eltern wären sich einig, dass Kinder sie mit Respekt, Rücksicht und Freundlichkeit behandeln und sich auch anderen Menschen gegenüber gut benehmen sollten. Da ist es überraschend, wie viele Eltern ihren Kindern erlauben, sich *ihnen* gegenüber schlecht zu benehmen.

Sie können jeden Tag Beispiele dafür finden: Kinder, die ihre Eltern unterbrechen, respektlos mit ihnen sprechen, sie anschreien, schlagen oder schubsen oder sie an den Haaren ziehen.

Eltern erlauben ihren Kindern selten, so mit anderen Menschen umzugehen, aber sie erlauben ihren Kindern unabsichtlich, sich ihnen gegenüber schlecht zu benehmen. Dafür gibt es einige Gründe:

- Eltern achten nicht auf die Situation und bemerken dieses Verhalten nicht.
- Eltern sind dieses Verhalten gewohnt.
- Eltern wissen nicht, wie sie dieses Verhalten ändern sollen.
- Eltern glauben, dass Kinder sich nun mal so verhalten.
- Eltern tolerieren dieses Verhalten, weil sie glauben, ihren Kindern so zu zeigen, dass sie sie lieben.

Was auch immer der Grund sein mag: Indem Sie Ihren Kindern erlauben, sich Ihnen gegenüber schlecht zu benehmen, legen Sie das Fundament für dysfunktionales Verhalten (siehe S. 64) und es ist wahrscheinlicher, dass Ihre Kinder sich auch anderen gegenüber so verhalten.

Stellen Sie sich als Beispiel eine liebende Mutter vor, die Rücksicht auf ihren Sohn nimmt, aber merkt, dass andere Kinder sich über sein Benehmen ihnen gegenüber beschweren. Sie weiß, dass sie ihr Kind respektvoll und freundlich behandelt (siehe S. 109), aber sie bemerkt nicht, dass sie ihrem Sohn unabsichtlich erlaubt, sie zu unterbrechen und sie anzuschreien oder zu schubsen, wenn er wütend ist.

Probieren Sie es mal so: Achten Sie darauf, wie Ihr Kind mit *Ihnen* umgeht. Wenn Sie bemerken, dass es Ihnen gegenüber ein Verhalten an den Tag legt, das Sie im Umgang mit anderen Menschen nicht sehen möchten, brechen Sie diese Handlung ab (S. 177) und erklären Sie Ihrem Kind sachlich (S. 140), was das Problem ist. Erklären Sie, warum dieses Verhalten problematisch ist, und bitten Sie, die Situation noch einmal nachzuspielen (S. 179). Belohnen Sie dieses Verhalten nicht (S. 72). Proben Sie (S. 181). Erklären Sie die Regeln, geben Sie einen Grund für sie an (S. 120) und warnen (S. 122) Sie Ihr Kind, wenn es notwendig sein sollte.

Eltern von tollen Kindern sagen selten »Gut gemacht!« oder »Du bist so klug!«

Intuitiv ergibt es Sinn, dass wir Kinder dafür loben, wundervolle, besondere und talentierte Menschen zu sein, damit sie selbstbewusst werden und ein gesundes Ego entwickeln. Aber die Forschung zeigt, dass unspezifisches, fähigkeitsbezogenes und überzogenes Lob den gegenteiligen Effekt haben kann. Kinder entwickeln so eine, wie die Psychologin Carol Dweck es nennt, »starre Denkweise«.

Dweck erklärt: »Schüler und Schülerinnen mit einer starren Denkweise glauben, dass ihre Fähigkeiten, ihre Intelligenz und ihre Talente festgelegte Charaktereigenschaften sind. Diese Charaktereigenschaft ist so, wie sie ist, und die Kinder haben dann nur das Ziel, klug zu wirken und sich keine Blöße zu geben.«[24] Kinder mit einer starren Denkweise haben oft Angst davor, Risiken einzugehen oder Neues auszuprobieren, weil sie Angst haben, »dumm« zu wirken und ihren Status, als besonders und talentiert zu gelten, zu verlieren.

Dwecks Forschung zeigt, dass eine andere Denkweise kultiviert werden kann, indem man Kindern beibringt, dass Intelligenz und Fähigkeiten flexibel sind und durch Übung verbessert werden können.

Sie nennt das eine »**wachsende Denkweise**«: »Mit einer wachsenden Denkweise verstehen Kinder, dass ihre Talente und Fähigkeiten durch Übung, harte Arbeit, Lernen und Durchhaltevermögen entwickelt werden können. Sie glauben nicht, dass alle gleich sind und jeder Einstein sein kann, aber sie glauben, dass jeder intelligenter werden kann, wenn er daran arbeitet.«[25] Kinder mit wachsender Denkweise sehen Versagen als Teil des Lernprozesses (S. 47) und verbinden ihre Erfolge mit Durchhaltevermögen und Aufwand.

Kinder zu loben ist eine Möglichkeit für Eltern und andere Erwachsene, ihnen bei der Entwicklung einer wachsenden Denkweise zu helfen. Für eine wachsende Denkweise muss Lob *spezifisch* sein und sich an den *Bemühungen* eines Kindes orientieren, statt an ihren Fähigkeiten oder dem Ergebnis. Spezifisches und handlungsorientiertes Lob hilft Ihrem Kind, sich eine wachsende Denkweise anzueignen.

»Gut gemacht!« ist ein Beispiel für unspezifisches Lob. Auch wenn es positiv klingt, sagt »Gut gemacht!« nichts darüber, welche Tätigkeit dem Kind das Kompliment eingebracht hat. Viele Eltern sagen »Gut gemacht!« und ähnliche Sätze über den Tag verteilt, um die (oft gar nicht so tollen) Erfolge ihrer Kinder zu feiern.

Ein anderes Lob, das negative Effekte haben kann, weil es das Ergebnis oder Eigenschaften lobt, ist »Du bist so klug!« oder »Du bist so gut in ___«. Diese Komplimente konzentrieren sich auf das, was Ihr Kind ist, statt auf das, was es getan hat, um das Lob zu verdienen.

Kurzum: Nutzen Sie Lob, um Ihrem Kind zu vermitteln, dass Erfolg mit Durchhaltevermögen und harter Arbeit zusammenhängt.[26]

Probieren Sie es mal so: Achten Sie darauf, wie und wann Sie Ihre Kinder loben. Vermeiden Sie Sätze wie »Gut gemacht!«, wenn Sie nicht auch spezifisch erklären können, was Ihre Kinder getan haben, um dieses Lob zu verdienen.

Vermeiden Sie ebenso Sätze, die sich auf die Fähigkeiten Ihrer Kinder beziehen, wie »Du bist so klug/ talentiert/ gut im ___!«.

Sie können zum Beispiel statt »Gut gemacht, du hast eine Zwei bekommen!« Folgendes sagen: »*Hey! Ich habe gemerkt, dass du wirklich viel für Mathe und Geschichte gelernt hast. All die Zusatzübungen, die du gemacht hast, haben sich wirklich ausgezahlt. Ich weiß, wie frustrierend es am Anfang des Schuljahres war, und ich bin wirklich stolz, dass du so gut durchgehalten hast und dich so bemüht hast.*«

Und wenn Sie wissen, dass Ihr Kind nicht hart für diese Noten gearbeitet hat? In diesem Fall sagen Sie vielleicht gar nicht viel oder Sie ermuntern Ihr Kind, sich in einem Bereich, der ihm schwerer fällt, mehr anzustrengen. Zum Beispiel: »*Ich sehe, du hast wieder eine Eins in Mathe bekommen. Ich frage mich, ob du vielleicht mehr Herausforderung brauchst? Du hast dich auch in Englisch von einer Drei auf eine Zwei hochgearbeitet. Ich bin wirklich stolz auf den Fortschritt, den du hier gemacht hast. Ich habe bemerkt, dass du wirklich viel Arbeit in deine Buchbesprechung gesteckt hast, und das hat sich ausgezahlt. Sehr fein!*«

Eltern von tollen Kindern vermeiden Zuschreibungen (meistens)

Stellen Sie sich diese Alltagsszene vor: Eine Mutter geht mit ihrem Sohn in einen Raum (vielleicht die Geburtstagsfeier eines anderen Kindes), er hält sich an ihrem Bein fest und wehrt sich gegen die Versuche der Mutter, ihn dazu zu bringen, mit den anderen Kindern zu spielen. »Er ist einfach schüchtern«, sagt sie zu einer anderen Mutter, die gerade auf sie zukommt.

Es klingt harmlos, aber wenn sie das immer wieder tut, dann wird ihr Sohn diese Zuschreibung annehmen. Es führt dazu, dass andere ihr Kind so beschreiben, und auch ihr Sohn wird sich selbst so sehen. Ob Sie Schüchternheit als »gut« oder »schlecht« finden, ist dabei unwichtig. Das Problem ist, dass solche Zuschreibungen von außen den Eindruck vermitteln, dass sie wahr und richtig sind. (Ich sehe Schüchternheit übrigens überhaupt nicht als negativ an.)

Selbst Zuschreibungen, die Komplimente sind (»Sie ist so klug!«), sind problematisch, denn sie vermitteln Kindern, dass diese Dinge Charaktereigenschaften und somit unveränderlicher Bestandteil ihrer Identität sind.

Wenn es eine positive Zuschreibung ist, dann denkt Ihr Kind vielleicht: »Ich bin klug/kreativ/gut im Sport und ich will so bleiben« (diese Zuschreibung also behalten). Diese Perspektive nennt man auch eine »starre Denkweise«, bei dem Kinder versuchen, Risiken und Versagen zu vermeiden, um die positive Zuschreibung nicht zu verlieren.

Wenn es eine negative Zuschreibung ist, denkt Ihr Kind vielleicht: »Ich bin schüchtern/hyperaktiv/schlecht im Zeichnen und ich will nicht so sein.« In diesem Fall kritisieren Sie Ihr Kind durch die Zuschreibung indirekt und Ihr Kind glaubt, dass es einfach so ist, statt zu sehen, dass es sein Verhalten ändern könnte.

Aber wenn es darum geht, zu moralischem und sozialem Verhalten zu motivieren (anderen helfen, teilen, sich um andere kümmern), können diese Zuschreibungen hilfreich sein. Die Forschung hat zum Beispiel gezeigt, dass Kinder, die darum gebeten wurden, »Helfer« zu sein (und nicht gebeten wurden, zu helfen), mit höherer Wahrscheinlichkeit bei einer Tätigkeit helfen, beispielsweise Spielzeug aufzuräumen.

In Wahrheit sind Zuschreibungen wie »schüchtern« oder »klug« keine stabilen Qualitäten, sondern Verhaltensweisen, die situationsbezogen und veränderlich sind. Im Fall der Klugheit wissen wir, dass unsere Kinder sie in manchen Bereichen zeigen können und in anderen nicht und dass Klugheit von Durchhaltevermögen und harter Arbeit abhängt (siehe S. 112). Im Falle der Schüchternheit zeigen Kinder Schüchternheit in einem Bereich, in einem anderen aber nicht. Und die Forschung zeigt, dass etwa die Hälfte der schüchternen Kleinkinder mit zehn Jahren nicht mehr schüchtern ist.

Probieren Sie es mal so: Achten Sie darauf, wie Sie Ihre Kinder ihnen selbst und auch anderen Menschen gegenüber beschreiben. Versuchen Sie, Ihre Sprache so zu verändern, dass Sie keine Identitäten zuschreiben.

Zum Beispiel könnten Sie statt »Er ist schüchtern« sagen, dass er sich gerade schüchtern fühlt. So vermitteln Sie, dass Schüchternheit keine Zuschreibung ist, sondern das Verhalten und die Gefühle Ihres Kindes in diesem Moment beschreibt.

Diese kleine Veränderung zeigt Ihrem Kind, dass Schüchternheit keine in Stein gemeißelte Charaktereigenschaft ist, und gibt Ihrem Kind die Freiheit, sich das nächste Mal anders zu verhalten.

Wenn Sie aber versuchen, Ihr Kind zu positivem Verhalten zu ermuntern, etwa zu teilen, zu helfen oder sich um andere zu kümmern, dann können Sie Worte verwenden, die einen positiven Charakter beschreiben. Zum Beispiel: *»Bitte sei ein Helfer«* oder: *»Du bist ein großzügiger/ hilfsbereiter/freundlicher Mensch.«*

Eltern von tollen Kindern spielen fair

Als Eltern erleben wir dieses Dilemma oft: Antworten wir unserem Kind ehrlich, wenn es uns etwas fragt, oder schummeln wir, um unserem Kind mehr Selbstbewusstsein, Glück und inneren Frieden zu geben?

Kinder stellen viele Fragen (siehe S. 96) und Eltern können sich manchmal unter Druck gesetzt fühlen: »Bin ich eine gute Tänzerin/Künstlerin/Fußballspielerin?«, »Lasst ihr euch scheiden?«, »Bekommt ihr ein Kind?«, »Hast du deinen Job verloren?«, »Glaubst du an Gott?«, »Wie gefällt dir mein Kleid?«, »Findest du, dass ich klug bin?«

Wie soll man darauf antworten? Seien Sie fair und antworten Sie ehrlich, wenn es der Entwicklungszustand Ihres Kindes und Ihre Werte zulassen. Kinder müssen nicht alles wissen, aber je nach Alter und Reife können Sie entscheiden, wie aufrichtig Sie sein wollen.

Fair zu spielen bedeutet, dass unsere Kinder uns vertrauen können, weil wir ehrlich zu ihnen sind, und es ermuntert sie, nach unserer Meinung zu fragen, denn sie wissen, dass sie mit einer ehrlichen Antwort rechnen können.

Die meisten Eltern sind ihren Kindern gegenüber voreingenommen und meistens ist das auch gut so. Aber Kinder, deren Eltern sie übermäßig loben (»Du bist die beste Künstlerin, die ich jemals gesehen habe!«) oder die ausweichend sind (»Mach dir keine Sorgen wegen meiner Arbeit, Schatz, ich habe alles unter Kontrolle!«), verlieren das Vertrauen in ihre Eltern.

Kinder, die beispielsweise übermäßig gelobt werden, könnten glauben, dass Sie geringe Erwartungen haben (siehe S. 112). Übermäßiges Lob kann Ihren Kindern auch eine überhöhte Sicht ihrer selbst geben, was zu Problemen führt, wenn sie sich mit der realen Welt vergleichen.

Probieren Sie es mal so: Ihr achtjähriges Kind fragt: »Findest du, ich bin ein guter Fußballer?« Das ist eine großartige Chance, ihrem Kind ehrlich zu antworten und zu betonen, wie wichtig Mühe und Übung sind.

Statt einfach zu sagen: »Ja, du bist toll!«, könnten Sie Folgendes sagen: »Du übst so viel und gibst dir wirklich viel Mühe, um besser zu werden, und du machst gute Fortschritte. Du kannst den Ball schon viel besser führen, seit du so viel übst.«

Hier ein anderes Beispiel: »Lasst ihr euch scheiden?«, fragt Ihre fünfjährige Tochter. Anstatt der Frage auszuweichen, sollten Sie ehrlich antworten, ohne auf zu viele Details einzugehen, die ihrem Alter noch nicht angemessen sind.

Sie könnten zunächst fragen: »Warum fragst du?«

Diese Frage ist eine gute Möglichkeit, zu verstehen, was die Motivation Ihres Kindes ist: Macht sie sich Sorgen darüber, wo sie leben oder bald zur Schule gehen wird? Sucht sie einen Grund dafür, dass in letzter Zeit viel gestritten wurde? Oder geht es um etwas ganz anderes?

Sobald Sie diese Information haben, können Sie besser auf ihre Sorgen eingehen. Zum Beispiel: »Mama und ich haben darüber gesprochen, aber wir haben uns noch nicht entschieden. Wenn wir uns entscheiden, dann geben wir dir zuerst Bescheid. Und selbst wenn wir uns scheiden lassen, kannst du trotzdem auf weiterhin auf diese Schule gehen.«

Eltern von tollen Kindern nutzen Gerüste

Das Gerüst-Konzept kann Eltern dabei helfen, zu entscheiden, wie sie ihre Kinder unterstützen sollen, wenn sie um Hilfe bitten oder sie brauchen. Eltern müssen aufpassen, nicht überzuerziehen (siehe S. 47), und Gerüste sind eine gute Möglichkeit für Eltern, ihren Kindern zu helfen, ohne das Ruder zu übernehmen.[27]

Ein Gerüst ist eine temporäre Hilfskonstruktion für den Bau, die Instandhaltung oder die Ausbesserung von Gebäuden. Die wichtigen Wörter hier sind »temporär« und »Hilfskonstruktion«. Das Gerüst ist nicht das Gebäude, sondern die temporäre Hilfe, die Arbeiter brauchen, um ein tatsächliches Gebäude zu errichten.

Eltern können ihre Kinder in vielen Bereichen unterstützen und ihnen helfen (das Gerüst sein), ohne das Problem selbst zu bewältigen (das Gebäude zu errichten).

Wenn Ihr Kind zum Beispiel Probleme mit den Matheaufgaben hat (»Mama, was sind neun Viertel als ganze Zahlen?«) ist es verlockend, die Antwort zu geben (»Zwei Ganze und ein Viertel«). Aber wenn Sie die Antwort gleich geben, werden Sie Ihrem Kind auf lange Sicht nicht helfen (siehe S. 27).

Es ist aber auch nicht hilfreich, zu sagen, dass es die Aufgabe schon lösen wird, wenn es nur weiter daran arbeitet.

Der Mittelweg ist das Gerüst-Konzept. Sie bieten Hilfe an, aber Ihr Kind muss das Problem selbst lösen: »Okay, welche Zahl ist die nächste zu neun, die du durch vier dividieren kannst?« Falls es notwendig ist, brechen Sie das Problem weiter herunter: »Und was ist der Unterschied zwischen dieser Zahl und neun?«

Beim Gerüst-Konzept ist weniger mehr. Geben Sie Ihrem Kind so viel Unterstützung, wie es braucht, um erfolgreich zu sein und weiterzuarbeiten.[28] Die Idee ist, dass Sie gemeinsam einen Schritt nach dem anderen machen.

Wenn Sie kleine, positive Schritte, die Sie loben könnten, nicht bemerken, sollten Sie über Proben lesen (S. 181).

Probieren Sie es mal so: Das Ziel des Gerüst-Konzeptes ist, Ihren Kindern dabei zu helfen, ihre Fähigkeiten zu üben und zu entwickeln, angefangen bei Hausaufgaben bis zu Zeitplanung und Organisation.

Wenn Ihr Kind Sie das nächste Mal um Hilfe bei der Lösung eines Problems bittet, das Fähigkeiten erfordert, denken Sie darüber nach, wie Sie das Problem herunterbrechen könnten, sodass Ihr Kind die einzelnen Schritte selbstständig oder mit ein wenig Hilfe tun kann.

Wenn Sie beispielsweise wollen, dass Ihr Grundschulkind sich selbstständig für die Schule fertig macht, könnten Sie es darum bitten, sich einen typischen Morgen vorzustellen, anstatt es an jeden einzelnen Schritt zu erinnern oder ihm eine To-do-Liste zu schreiben. Bitten Sie es, all die Dinge aufzuzählen, die es jeden Tag machen muss, um sich für die Schule fertig zu machen. Während es spricht, könnten Sie mitschreiben oder, noch besser, Ihr Kind bitten, selbst die einzelnen Tätigkeiten aufzuschreiben (Anziehen, Frühstücken, Zähneputzen etc.). Oder bitten Sie es, Bilder von all den Tätigkeiten zu malen, wenn es noch nicht schreiben kann.

Erinnern Sie es an Dinge, die es vergisst: »*Musst du auch etwas in die Schule mitnehmen? Ja? Was denn zum Beispiel? Ja genau, du musst jeden Freitag deine Bücher in die Bücherei zurückbringen. Lass uns das auch aufschreiben.*«

Das Ziel ist es, mit Ihrem Kind den morgendlichen Prozess zu besprechen, sodass Ihr Kind sich selbst Erinnerungen schreibt oder malt. So lernt Ihr Kind nach und nach, wie es sich organisieren muss. Außerdem ist es wahrscheinlicher, dass es in Erinnerung behält, was es selbst geschrieben oder gemalt hat.

Eltern von tollen Kindern geben ihren Kindern Gründe

In unserem stressigen Alltag als Eltern fällt es uns vielleicht gar nicht auf, wenn wir unseren Kindern immer wieder sagen, was sie tun sollen und was nicht: »Zieh dir deine Schuhe an«, »Schalte den Computer aus«, »Hör auf damit« und dergleichen. Wir sind frustriert, wenn unsere Kinder uns anscheinend ignorieren oder nicht das tun, was wir von ihnen wollen.

Hier beginnt wieder ein Machtproblem (siehe S. 158). Aber wir haben die Möglichkeit, es nicht so weit kommen zu lassen, indem wir unseren Kindern erklären, *warum* wir wollen, dass sie etwas Bestimmtes tun. Wir geben ihnen also einen Grund für unsere Bitte.

Achtung: »Weil ich es sage« oder »Weil ich deine Mutter/dein Vater bin« sind keine Gründe (und führen oft zu Machtkämpfen und Heimlichtuerei).

Speziell für jüngere Kinder scheinen unsere Regeln und Wünsche nicht nachvollziehbar zu sein. Zum Beispiel: »Bitte schütte die Milch nicht auf den Tisch« oder: »Sitz nicht auf dem Hund« Milch ausschütten und zusehen, wie sie zu einer kleinen Pfütze zusammenläuft, ist lustig (besonders, wenn man es nicht selbst wieder aufwischen muss) und auf dem Hund zu sitzen ist ein Abenteuer (wenn man nicht versteht, dass man dem Hund dabei weh tun könnte oder man ihn damit provoziert, zu beißen).

Über die Gründe unserer Regeln und Bitten zu sprechen hilft Kindern dabei, zu verstehen, dass ihre Handlungen und Entscheidungen Auswirkungen haben. Nennen Sie Ihrem Kind einen altersgerechten Grund, sodass Ihr zweijähriges Kind eine einfachere Erklärung bekommt als Ihr zwölfjähriges.

Ein großer Vorteil hiervon ist, dass wir uns auch selbst über unsere Gründe im Klaren sein müssen. Manchmal bestehen wir auf Dingen, ohne dass wir wirklich darüber nachgedacht haben, warum. Müssen unsere Kinder wirklich jeden Tag ihre Haare bürsten oder zusammenpassende Schuhe anhaben? Das entscheiden natürlich Sie, aber denken Sie daran, dass Sie Ihre Regeln konsequent durchsetzen müssen (S. 137). Wie wollen Sie Ihre Zeit verbringen?

An unsere Gründe zu denken kann uns dabei helfen, zu erkennen, welche Regeln besonders wichtig sind, sodass wir das Regelwerk auf das Notwendigste reduzieren. Weniger Regeln haben auch Vorteile: Ihre Kinder haben mehr Autonomie (S. 103), es gibt weniger Machtkämpfe und wir müssen uns um weniger kümmern.

Beachten Sie, dass die besten Gründe mit der Gesundheit und Sicherheit Ihres Kindes zusammenhängen oder auf die Bedürfnisse und Gefühle anderer eingehen (zum Beispiel der Hund, auf dem Ihr Kind sitzt, oder Sie, wenn Sie die Milch aufwischen müssen) und/oder mit den Langzeiteffekten von Handlungen zu tun haben.

Diese Technik garantiert nicht, dass Ihre Kinder Ihren Regeln und Wünschen immer Folge leisten (siehe S. 82 und S. 96), aber es zeigt ihnen, dass Sie versuchen, nachvollziehbare Entscheidungen zu treffen. Und noch wichtiger: Sie leben Ihren Kindern vor, dass es wichtig ist, gute Gründe für sein Handeln zu haben[29].

Probieren Sie es mal so: Wenn Sie eine Regel durchsetzen wollen oder wollen, dass Ihr Kind etwas Bestimmtes tut, geben Sie Ihrem Kind auch einen altersgerechten Grund dafür an. Ich nenne das »B/G« (Bitte/Grund).

Anstatt zu sagen: »Zieh dir jetzt deine Schuhe an«, könnten Sie Folgendes sagen: *»Bitte zieh dir jetzt deine Schuhe an* (Bitte). *Wir müssen in zwei Minuten gehen, sonst kommen wir zu spät zu deinen Freunden zum Fußballtraining«* (Grund).

Eltern von tollen Kindern warnen ihre Kinder

Kinder zu warnen ist einer der wichtigsten Eckpunkte der liebevollen Maßregelung, die ich auch in meinen Workshops unterrichte. Wir wollen, dass unsere Kinder verstehen, dass Handeln eine Entscheidung ist; deshalb müssen wir ihnen *vorher* klar machen, welche Konsequenzen wir ziehen, wenn sie eine Regel brechen oder etwas nicht tun.

Dieses Prinzip geht mit dem vorherigen Hand in Hand (S. 120). Wenn Kinder die Regeln und ihre Gründe kennen, dann müssen sie auch wissen, was passiert, wenn sie sich dafür entscheiden, diese Regeln zu brechen (oder das, was Sie sagen, nicht zu tun). Das ist das Prinzip des »Warnens«, das dann greift, wenn Eltern Konsequenzen ziehen müssen (anstatt sich auf natürliche Konsequenzen zu verlassen, die zu bevorzugen sind, siehe S. 129).

Ihr Kinder zu warnen ist eine wichtige Maßregelungsstrategie, denn wenn Kinder schon *vorher* wissen, was die Konsequenzen eines Regelverstoßes sind, dann entscheiden sie sich für ihr Handeln: Sie *entscheiden* sich, ob sie die Regeln befolgen – oder sie brechen und mit den Konsequenzen leben. Es gibt keine Überraschungen. Warnungen unterstützen das Prinzip, dass Handeln eine Entscheidung ist (siehe S. 42).

Besonders wichtig für dieses Prinzip ist auch: Wenn Kindern eine Regel nicht bewusst ist (egal, wie offensichtlich diese Regel für Sie ist), dann sollte es auch keine Konsequenzen geben.

Wenn Billy sich zum Beispiel entscheidet, dass es lustig ist, das Sofa mit den neuen Wachsmalstiften anzumalen, sollten Sie daran denken, dass er vor allem Neues entdecken und sich mit seiner Umwelt auseinandersetzen möchte (siehe S. 96). Halten Sie inne, atmen Sie tief ein und beruhigen Sie sich, falls Sie wütend sind (siehe S. 53 und S. 55). Erklären Sie dann sachlich (siehe S. 140) die Regel, den Grund dafür und die Konsequenz, wenn das noch einmal passiert. Ein Beispiel dafür finden Sie unter »Probieren Sie es mal so«.

Oft werde ich gefragt, was eine Warnung von einer Drohung unterscheide. Es gibt drei wichtige Unterschiede: (1) die Art der Konsequenz, (2) wie diese Konsequenzen vermittelt und gezogen werden, und (3) Beständigkeit. Kurz: Die Konsequenz sollte dem Regelverstoß entsprechen (seien Sie nicht unfair, weil Sie schlecht gelaunt sind), Konsequenzen sollten sachlich gezogen werden, und zwar ohne Ausnahme. Weitere Informationen finden Sie auf S. 131 und S. 137.

Eine andere Frage zu Konsequenzen ist, wie oft man sie ziehen muss. Die Antwort ist: Es kommt auf das Alter und den Entwicklungsstand Ihres Kindes an. Jüngere Kinder werden öfter erinnert werden müssen (siehe S. 82). Wenn Sie sich nicht sicher sind, geben Sie Ihren Kindern einen Vertrauensvorschuss (siehe S. 101) und erinnern Sie sie noch einmal.

Aber wenn Sie Ihre Regeln und Werte klar und deutlich mit Ihrem Kind besprochen haben und Ihr Achtjähriger heimlich im Supermarkt eine Süßigkeit nascht, müssen Sie Ihr Kind nicht erinnern, sondern die Konsequenzen ziehen, selbst wenn er genau das noch nicht vorher gemacht hat. (Sprechen Sie aber mit Ihrem Kind darüber, warum dieses Verhalten unangemessen war.)

Kurzum: Maßregeln Sie Ihre Kinder nicht, wenn sie nicht *wissentlich* eine Regel gebrochen oder *absichtlich* ignoriert haben, was Sie von ihnen wollten.

Probieren Sie es mal so: *»Schatz, ich weiß, dass es lustig sein kann, das Sofa anzumalen (Empathie). Wenn du das machst, ist es schwer, das Sofa wieder sauber zu bekommen, es kann das Sofa auch kaputt machen. (Grund) Wenn du das Sofa anmalst, dann nehme ich dir die Wachsmalkreiden weg, bis ich mir sicher sein kann, dass du weißt, wo du malen darfst (oder: bis ich bei dir sitzen kann, wenn du malst.) Wenn du dir nicht sicher bist, was du anmalen darfst, dann frag einfach.«*

Beobachten Sie Billy, wenn er mit den Wachsmalkreiden spielt, und geben Sie ihm sachlich Bescheid, wenn er etwas anmalen möchte, das Sie nicht verschönert haben wollen.

Wenn Sie ihm die Wachsmalkreiden wegnehmen, dann nur für kurze Zeit (ein paar Minuten) und geben ihm dann die Chance, es noch einmal zu versuchen (siehe S. 179). Wenn er immer wieder zum Sofa geht, auch wenn er schon mehrere Chancen hatte, dann nehmen Sie ihm die Wachsmalkreiden für den restlichen Tag weg. Er kann es am nächsten Tag wieder versuchen, unter Ihrer Beobachtung und mit spezifischem Lob (S. 112), wenn er die Möbel nicht anmalt. (z.B.: *»Billy, ich finde es schön zu sehen, dass du mit den Wachsmalkreiden den Karton und das Papier bemalst. Ich schätze es sehr, dass du die Möbel nicht anmalst. Danke, Schatz!«*)

Eltern von tollen Kindern machen ihre Entscheidungsfindung transparent

Oft wirken die Entscheidungen von Eltern für Kinder wie eine sprichwörtliche Blackbox: »Ja, du darfst zu der Party« oder »Nein, du darfst dieses Spielzeug nicht kaufen«. Entscheidungen werden weitergegeben, ohne dass Kinder verstehen, wie sie entstanden sind. Wenn das immer wieder passiert, können Kinder ihre Eltern als unfair oder unverhältnismäßig wahrnehmen. Und Eltern verpassen die Chance, ihren Kindern zu zeigen, was im Hintergrund abläuft: wie sie ihre Gründe zusammentragen, Optionen und Prioritäten abwägen, zu einer Entscheidung gelangen und nach ihr handeln.

Teil dieser transparenten Entscheidungsfindung ist, unseren Kindern Gründe zu nennen (siehe S. 120), ein anderer ist, den internen Prozess nachvollziehbar zu machen. Wenn Sie Ihrem zwölfjährigen Kind sagen, dass es nicht zur Übernachtungsparty gehen darf, sollten Sie ihm einen Grund geben und erklären, wie dieser Grund zu Ihrer Entscheidung geführt hat: *»Ich weiß, dass du wirklich gerne zu Annas Party gehen möchtest und dass du traurig bist, dass du nicht hingehen darfst* (Empathie, S. 31). *Gleichzeitig warst du die letzten Tage immer lange auf und ich möchte nicht, dass du wieder so spät ins Bett gehst* (Grund/ Prozess*). Wenn du öfter zu Übernachtungspartys gehen möchtest, dann hilf mir bitte, indem du sicherstellst, dass du jede Nacht mindestens neun Stunden Schlaf bekommst.* (Alternativen aufzeigen, S. 69).«

Noch ein Vorteil dieser Transparenz ist, dass Sie eine Möglichkeit geben, sich umstimmen zu lassen. In diesem Buch lernen Sie, warum es wichtig ist, das, was Sie sagen, auch zu tun (S. 21) und konsequent danach zu handeln (S. 137). Aber was wäre, wenn Sie Ihrer Tochter beispielsweise sagten, dass sie nicht zu der Party gehen darf, Sie aber dann Ihre Meinung ändern?

Sie haben vielleicht einen guten Grund, Ihre Meinung zu ändern, aber wenn Sie diesen Vorgang nicht transparent machen, dann kann es für

Ihre Tochter so aussehen, als ob Sie Ihre Meinung geändert hätten, weil sie ausgerastet ist (»Du verstehst gar nichts! Du bist die schlechteste Mutter der Welt!«). Dann ist es wahrscheinlich, dass Ihre Tochter diese Taktik öfter anwendet, um das zu bekommen, was sie haben möchte (siehe S. 67 und S. 72).

Stattdessen sagen Sie vielleicht: »*Schatz, ich weiß, dass du enttäuscht darüber bist, dass du nicht zu der Party gehen darfst* (Empathie). *Wenn du möchtest, sprechen wir über meine Sorge, dass du nicht genug Schlaf bekommst, dann könnte ich es mir überlegen*« (Wiederholung, S. 179).

Im folgenden Gespräch könnte ein möglicher Kompromiss sein, dass Ihre Tochter den Abend bei ihrer Freundin verbringen darf, Sie sie aber abholen, damit sie rechtzeitig ins Bett kommt. Oder Sie könnten vorschlagen, eine Übernachtungsparty bei Ihnen stattfinden zu lassen, die früher anfängt, damit Ihre Tochter früher ins Bett kommt.

Die Lösung, zu der Sie schlussendlich kommen, ist weniger wichtig als der Prozess, den Sie durchlaufen. Das Ziel ist, dass Ihr Kind versteht, dass Ihre Entscheidung gut begründet ist (selbst wenn Ihr Kind das nicht so sieht).

Probieren Sie es mal so: Wenn Sie eine Entscheidung treffen, die Auswirkungen auf Ihr Kind hat, versuchen Sie zu erklären, wie und warum Sie zu dieser Entscheidung gekommen sind. Wenn Sie Ihre Meinung ändern, dann erklären Sie auch diesen Prozess.

Eltern von tollen Kindern wissen, dass Argumentation nicht alles kann

Auch wenn es wichtig ist, dass wir Gründe für unsere Regeln, Bitten und Maßregelungen angeben (siehe S. 120), hat Argumentation ihre Grenzen.

Wenn Sie schon einmal versucht haben, einem Kind, das gerade von Gefühlen überwältigt wird oder kurz davor ist, auszurasten, Gründe darzulegen, werden Sie wissen, was ich meine: Meistens werden Sie Ihr Kind nicht beruhigen können, indem Sie ihm erklären, dass es nicht traurig sein sollte oder warum Sie eine Konsequenz gezogen haben.

Mit einem Kind zu diskutieren, das gerade emotional überwältigt ist, anstatt das Problem eine Zeit ruhen zu lassen, wird den Konflikt eher weiter eskalieren lassen. (Dies gilt auch für Erwachsene.) In diesen Situationen muss Argumentation eine Zeit lang beiseitegelassen werden.

Wenn starke Gefühle involviert sind, dann helfen auch die besten Gründe nicht mehr. Gefühle sind Teil unseres Gedanken- und Entscheidungsprozesses und wenn wir besonders emotional oder erschöpft sind, ist unsere Fähigkeit zum klaren und rationalen Denken eingeschränkt. Wir tun Dinge, die wir nachher vielleicht bereuen. Das gilt für Erwachsene wie für Kinder.

In diesen emotional aufgeladenen Situationen ist es am besten, auf Gefühle einzugehen statt auf Gründe. Das Beste ist, Empathie zu zeigen (S. 31).

Wir müssen darauf achten, was im Moment passiert (S. 58), sodass wir abwägen können, ob eine Situation gerade Empathie (Gefühle) oder Gründe (Denken) erfordert.

Beachten Sie auch, dass Gründe das Verhalten Ihres Kindes nicht automatisch verändern. Versuchen Sie es stattdessen mit Wiederholungen (S. 179) und Proben (S. 181).

Probieren Sie es mal so: Für unseren Alltag als Eltern bedeutet dieses Prinzip, dass wir Gefühle mit Gefühlen beantworten. Wenn unser Kind traurig ist oder kurz davor ist, auszurasten, dann kümmern wir uns um seine Gefühle und versuchen nicht, es mit Argumenten zu beruhigen. Wir müssen die Logik eine Zeit lang beiseitelassen.

Stellen Sie sich zum Beispiel vor, Ihre zwölfjährige Tochter macht sich gerade fertig für die Schule, weiß aber nicht, was sie anziehen soll. Sie hat sich schon drei Mal umgezogen und ist noch noch nicht zufrieden mit ihrer Kleidung. Sie merken, dass Ihre Tochter immer trauriger wird, auch wenn Sie finden, dass ihre Outfits gut aussehen. Sie beschwert sich: »Das sieht furchtbar aus! Ich habe nichts anzuziehen. Ich hasse meine Sachen!«

In so einem Moment kann die Versuchung groß sein, zu argumentieren. Sie hat Dutzende Outfits. Sie haben hart dafür gearbeitet, ihr diese Kleidung kaufen zu können. Sie sieht in allem gut aus. Aber all diese Antworten, auch wenn Sie sie ernst meinen, können das Problem eskalieren lassen. Besprechen Sie das später mit ihr.

Wenn Sie die Situation deeskalieren wollen und Ihre Tochter von ihrem Problem ablenken wollen, dann müssen Sie auf ihre Gefühle eingehen. »*Das klingt für mich so, als würdest du dich gerade in deiner Kleidung unwohl fühlen. Das tut mir leid, Schatz.*« Wenn Sie das Problem vielleicht sogar selbst nachvollziehen können, könnten Sie sagen: »*Neulich, als ich mich mit Freunden zum Abendessen verabredet habe, konnte ich auch nichts finden, in dem ich mich wohl fühlte. Das war wirklich frustrierend.*«

Danach, wenn es sich richtig anfühlt, können Sie das Thema wechseln: »*Möchtest du lieber Honig oder Konfitüre auf dein Brot?*«

Eltern von tollen Kindern nutzen die Macht der natürlichen Konsequenzen

Lassen Sie Kinder die natürlichen Konsequenzen ihres Handelns und ihrer Entscheidungen erfahren. Das ist unglaublich wichtig für ihren Lernprozess.

Kinder (und Erwachsene) lernen am besten durch Erfahrung. Wir können das, was wir gelernt haben, mit unseren Kindern teilen und manche Kinder werden zuhören und versuchen, nicht dieselben Fehler zu machen wie Sie. Aber die meisten Kinder werden versuchen, eigene Erfahrungen zu sammeln (siehe S. 96). Wenn sie sich für etwas entscheiden und das Resultat ist unangenehm, dann werden sie das nächste Mal anders und, vermutlich, besser entscheiden. Das ist erfahrungsbasiertes Lernen.

Es gibt nur eine wichtige Ausnahme: Natürliche Konsequenzen sind die beste Lernmethode, außer sie bergen ernsthafte Risiken oder Gefahren für Ihr Kind oder andere Menschen. Wenn Ihre Kinder beispielsweise im Auto nicht den Gurt anlegen wollen, lassen Sie sie nicht die natürlichen Konsequenzen spüren. Eine ähnliche Ausnahme ist, wenn die natürliche Konsequenz die Zukunft Ihres Kindes oder eines anderen Menschen beeinträchtigen würde (beispielsweise, wenn Ihr Kind im Begriff ist, ein Verbrechen zu begehen). Es ist also wichtig, vorauszudenken und sich zu fragen, ob die natürlichen Konsequenzen eine gute Lernerfahrung für Ihr Kind darstellen.

Indem Sie Kindern erlauben, natürliche Konsequenzen zu erleben, vermeiden Sie auch Machtkämpfe (S. 158), da Sie nicht eingreifen. Wenn Ihr Sohn beispielsweise unbedingt ein T-Shirt in der Schule tragen möchte, es aber draußen kalt ist, dann lassen Sie ihn diese Entscheidung selbst treffen und vermeiden so eine Diskussion darüber, ob er nicht doch lieber den Mantel mitnehmen sollte. Wenn ihm kalt wird und er nicht möchte, dass ihm das nochmal passiert, wird er sich das nächste Mal anders entscheiden.

Und wenn Ihr Sohn oft seine Hausaufgaben vergisst (und Sie sie ihm in die Schule nachbringen), dann hören Sie damit auf und lassen ihn erfahren, was passiert, wenn er die Hausaufgaben vergisst. Wenn Sie sich dafür entscheiden, ihm die Hausaufgaben nicht mehr nachzubringen, dann geben Sie ihm vorher Bescheid (siehe S. 99) und überlegen Sie, ob er vielleicht Hilfe in Sachen Organisation brauchen könnte (siehe S. 118).

Lesen Sie auch über Übererziehen (S. 47) und Risiken (S. 154).

Probieren Sie es mal so: Suchen Sie in Ihrem Alltag nach Möglichkeiten, in denen Sie sich zurücknehmen können, sodass Ihre Kinder eigene Erfahrungen machen können (mit vorhin genannten Ausnahmen). Geben Sie ihnen eine Vorschau (S. 99), wenn Sie denken, dass sie sich falsch entscheiden oder Sie bisher immer eingegriffen haben (S. 47). Aber lassen Sie ihre Kinder selbst entscheiden. Überlegen Sie auch, ob Ihre Kinder vielleicht Unterstützung brauchen, um sich die nötigen Fähigkeiten anzueignen, beispielsweise Organisationsfähigkeiten zu entwickeln, sodass sie nicht mehr ihre Hausaufgaben vergessen (siehe S. 118).

Wenn natürliche Konsequenzen in einer bestimmten Situation nicht angemessen sind (weil sie beispielsweise eine Fahr darstellen), dann:

1. zeigen Sie Empathie (S. 31).
2. geben Sie Gründe für Ihre Regeln (S. 120).
3. können Sie Ihr Kind ablenken (S. 168), beispielsweise mit Humor (S. 174). Das eignet sich besonders bei jüngeren Kindern.
4. warnen Sie Ihr Kind (S. 122).
5. schlagen Sie eine Wiederholung der Situation vor (S. 181).

Ein Beispiel (das Punkte 1–3 anwendet): »*Schatz, ich weiß, dass der Gurt unangenehm ist und du ihn nicht anlegen möchtest* (Empathie). *Sicherheitsgurte schützen uns, wenn wir mit dem Auto fahren, deshalb muss jeder, der mitfährt, den Gurt anlegen* (Grund). *Hey, lass uns ›Ich sehe was, was du nicht siehst …‹ spielen. Ich sehe etwas, das grün und rund ist* «(Ablenkung).

Eltern von tollen Kindern geben ihren Kindern Strafzettel

Haben Sie schon einmal diese elektronischen Anzeigen am Straßenrand gesehen, die anzeigen, ob Sie zu schnell fahren? Die Reaktionen auf solche Anzeigen sind sehr unterschiedlich: Manche schätzen diese Erinnerung und fahren langsamer, andere ignorieren sie.

Bei Kindern ist es nicht anders. Manche Kinder brauchen einfach nur eine Erinnerung, wenn sie eine Grenze überschreiten. Andere Kinder sind wie diese Autofahrer, die die Anzeigen ignorieren und zu schnell daran vorbeifahren. Diese Kinder werden ihr Verhalten eher ändern, wenn sie einen Strafzettel bekommen (sowie eine Möglichkeit, besseres Verhalten zu üben). Ein Strafzettel ist in diesem Fall eine Konsequenz.

Wenn Ihr Kind positiv auf Erinnerungen reagiert, dann reicht das aus. Aber wenn Ihr Kind Sie ignoriert, wenn Sie Grenzen aufzeigen, dann braucht es vielleicht einen Strafzettel (also eine Konsequenz).

Solange keine ernsthaften Risiken oder Gefahren damit verbunden sind, sollten Kinder die Konsequenzen ihrer Handlungen erfahren. Konsequenzen helfen uns dabei, Situationen zu bewerten und zu lernen, sodass Ihre Kinder dadurch selbstständiger werden. Kinder die keine Konsequenzen erleben, verpassen wichtige Chancen, zu lernen.

Wie können Eltern also Konsequenzen nutzen, um ihren Kindern etwas beizubringen?

Natürliche Konsequenzen (S. 129) sind für gewöhnlich die besten Lehrer (beispielsweise, wenn man einen Eintrag ins Klassenbuch bekommt, weil man die Hausaufgaben vergessen hat). Aber oft sind natürliche Konsequenzen keine Option, beispielsweise, wenn Ihr Kind den Sicherheitsgurt nicht anlegen möchte. Manchmal erfordert die Situation es auch, dass die Eltern einschreiten, wenn das Kind zum Beispiel im Flugzeug gegen den Sitz tritt und ignoriert, dass es darum gebeten wird, aufzuhören.

Wenn Sie Konsequenzen ziehen müssen, könnten diese Richtlinien hilfreich sein. Konsequenzen sollten so sein:

1. Bedeutend (es muss dem Kind wichtig sein, beispielsweise Spielzeuge oder Kleider). Was einem Kind viel bedeutet, ist einem anderen vielleicht egal, daher müssen Sie wissen, was Ihrem Kind wichtig ist. (Beachten Sie, dass die Dinge, die Ihrem Kind etwas bedeuten, sich verändern.)

2. Relevant (in Bezug auf die Situation, wann immer es möglich ist.) Relevante Konsequenzen helfen, das Problem zu lösen, indem Sie Ihrem Kind zum Beispiel die Wachsmalkreiden wegnehmen, mit denen es gerade die Möbel anmalen wollte. Wenn Ihr Kind sich jemand anderem gegenüber negativ verhalten hat, dann wären relevante Konsequenzen, dass Ihr Kind sich entschuldigen oder ein kaputtes Spielzeug ersetzen soll.

3. Proportional (in Bezug auf die Situation.) Vermeiden Sie langwierige oder schwere Konsequenzen, die bestrafen. Bestrafende Konsequenzen werden oft gezogen, wenn Eltern wütend oder frustriert sind (siehe S. 53 und S. 165). Sie führen oft zum Gegenteil Ihres Zieles, weil Kinder sich darauf konzentrieren, wie unfair und unverhältnismäßig die Konsequenz ist, anstatt von ihrem Verhalten zu lernen. Und Sie beeinträchtigen damit ihre Eltern-Kind-Beziehung (siehe S. 184).

   Stellen Sie sich zum Beispiel vor, Sie werden von der Polizei angehalten, weil Sie zu schnell gefahren sind, 10 km/h schneller als erlaubt. Sie erwarten einen gerechten Strafzettel. Aber was würden Sie denken, wenn der Polizist einen Strafzettel über 10 000 Euro schriebe? Anstatt konstruktiv aus der Situation zu lernen (und das nächste Mal langsamer zu fahren), werden Sie sich darauf konzentrieren, wie ungerecht die Höhe Ihrer Strafe ist (ganz zu schweigen vom Polizisten).

4. Umsetzbar (und zwar so bald wie möglich). Die Konsequenz sollte so sein, dass Sie sie ziehen *können* und auch *werden* (siehe auch S. 21 und S. 137). Denken Sie daran, dass sofortige Konsequenzen am besten funktionieren (aber lesen Sie S. 169, wenn Sie die Konsequenz nicht sofort ziehen können).

Ihrem Kleinkind also das Lieblingsplüschtier für einen Monat wegzunehmen oder Ihrem jugendlichen Kind einen Monat Hausarrest zu geben ist keine gute Idee. Diese Konsequenzen wären bestrafend (statt auf das Lernen konzentriert, siehe S. 80) und sind schwer durchzuziehen. (Werden Sie Ihr jugendliches Kind einen Monat lang beobachten? Was, wenn Ihr Kleinkind das Plüschtier braucht, um einzuschlafen?)

Konsequenzen sollten *niemals* die Grundbedürfnisse Ihres Kindes betreffen, also Essen, Obdach und Liebe. Denken Sie auch daran, dass Kinder am besten auf positive Verstärkung reagieren (siehe S. 74). Deshalb werden Sie das Verhalten Ihres Kindes am ehesten verändern, wenn Sie ihm die Möglichkeit geben, besseres Verhalten zu üben, und zwar Verhalten, das Sie wollen (siehe auch S. 67, S. 69, S. 118, S. 179 und S. 181).

Es ist auch wichtig, wie Konsequenzen gezogen werden: Konsequenzen sollten ruhig und sachlich kommuniziert *und* gezogen werden (siehe S. 140).

Das Ziel von Konsequenzen ist es, das Lernen zu fördern, nicht zu bestrafen. Deshalb sind Wiedergutmachungen oft die beste Option. Wenn Ihr Kind eine Vase kaputtmacht, nachdem Sie es darum gebeten haben, nicht im Haus mit dem Ball zu spielen, dann sollte Ihr Kind diese Vase von seinem Taschengeld ersetzen.

Aus demselben Grund ist es auch wichtig, Ihr Kind daran zu erinnern, *warum* Sie diese Konsequenz ziehen (siehe S. 120), und, wenn nötig, ihm zu erklären, welche Auswirkungen sein Verhalten auf andere hat: *»Schatz, ich nehme dir den Ball jetzt bis morgen weg und wir sprechen darüber, wie du diese Vase ersetzt. Ich habe dich darum gebeten, nicht im Haus mit dem Ball zu spielen, weil etwas kaputtgehen könnte. Jetzt ist die Vase kaputt. Das macht mich traurig, weil ich viele schöne Erinnerungen mit dieser Vase verbinde.«*

Vielen Eltern fällt es schwer, sich Konsequenzen auszudenken, wenn natürliche Konsequenzen keine Option sind. In manchen Situationen fallen einem bessere Konsequenzen ein, beispielsweise die Wachsmalkreiden wegzunehmen, wenn Ihr Kind die Möbel anmalen möchte.

Andere Situationen sind herausfordernder. Beispielsweise, wenn sich Ihr Kind bei einem Event unangemessen benimmt. Die offensichtliche Konsequenz wäre, das Event zu verlassen, aber vielleicht können oder wollen Sie das Event noch nicht verlassen (oder Ihr Kind hofft sogar, dass Sie das Event verlassen). In diesem Fall müssen Sie eine Konsequenz ziehen, die Ihrem Kind etwas bedeutet, beispielsweise dass es einen Tag lang nicht mit der neuen Eisenbahn spielen darf.

Ich rate Eltern, in Ruhe im Vorhinein zu planen, welche Konsequenzen sie ihren Kindern geben wollen. So haben sie eine Handvoll angemessener Konsequenzen, aus denen sie in der Hitze des Gefechts auswählen können, wenn Wut oder Frustration über das Verhalten des Kindes die Fähigkeit des rationalen Denkens beeinträchtigen (siehe auch S. 127).

Schlussendlich sollten Sie bedenken, dass Konsequenzen unerwünschtes Verhalten einschränken können, aber Eltern müssen ihren Kindern auch sagen, welches Verhalten sie sich wünschen (siehe S. 69), und ihnen die Möglichkeit geben, das Verhalten zu üben.

Probieren Sie es mal so: *»Schatz, ich weiß, dass es langweilig ist, so lange still zu sitzen, und dass du viel lieber herumlaufen würdest (Empathie). Gleichzeitig sind wir auf der Hochzeit deiner Tante und es ist ein besonderer Tag für sie (Grund), deshalb müssen wir uns besonders gut benehmen, auch wenn es schwer ist. Lass uns so tun, als wären wir Statuen, und sehen wir, wer länger still sitzen kann (Bitte mit Umdeutung, siehe S. 170). Ich werde eine Löwenstatue sein. Welche Statue möchtest du sein? Auf die Plätze, fertig, los!«*
Wenn Ihr Kind still sitzen kann, aber dennoch unruhig bleibt, wiederholen sie die Regel und den Grund so wie vorher und sagen Sie dann: *»Wenn du nicht still sitzt, dann nehme ich dir das die Eisenbahn bis morgen weg.«* (Warnung, S. 122)
Erinnern Sie sich daran, dass wir nicht erwarten können, dass Kinder Regeln oder andere Verhaltensanweisungen befolgen können, wenn sie noch nicht die Fähigkeiten dazu haben. Wenn ein Kleinkind während einer Hochzeit unruhig ist, dann liegt das nicht an schlechtem Benehmen und Sie können nichts anderes tun, als mit ihm den Raum zu verlassen und es zu beruhigen.

Eltern von tollen Kindern bauen Bodenschwellen

Kinder brauchen manchmal Strafzettel (S. 131), damit sie leichter lernen (siehe S. 80, aber meistens ist es am besten, die problematische Situation einfach zu vermeiden. Um es in einem Bild zu sagen: Wenn Sie nicht wollen, dass Ihr Kind zu schnell fährt (sich also schlecht benimmt), dann sollten Sie Bodenschwellen bauen, damit es gar nicht erst zu schnell fährt und einen Strafzettel bekommt. Verändern Sie die Umwelt, um Situationen zu vermeiden, die zu problematischem Verhalten führen können.

Stellen Sie sich vor, Ihr Kind läuft immer herum, wenn Sie einkaufen gehen, und richtet Chaos an. Vielleicht stellen Sie fest, dass es besser wäre, zu einer anderen Zeit einkaufen zu gehen, und zwar ohne Ihr Kind. Oder Sie schließen die Schränke ab, wenn Ihr Kind immer wieder zerbrechliche Gegenstände herausholt. Helfen Sie Ihrem Kind dabei, sich gut zu benehmen.

Diese Bodenschwellen-Taktik funktioniert am besten in Situationen, über die Sie Kontrolle haben oder die nicht so häufig vorkommen. Wenn die problematische Situation aber Teil Ihres Alltags ist, dann investieren Sie Ihre Zeit besser, wenn Sie das Verhalten Ihres Kindes beeinflussen (Wie? Lesen Sie S. 118, S. 120, S. 122, S. 131, S. 137, S. 179 und S. 181.)

Probieren Sie es mal so: Beobachten Sie die Situationen, in denen Ihr Kind sich schlecht benimmt. Gibt es eine Möglichkeit, diese Situationen so zu verändern, dass sich das problematische Verhalten vermeiden lässt?

Ein gutes Beispiel für jüngere Kinder ist das Problem, Spielzeug mit Freunden zu teilen, wenn diese vorbeikommen. Anstatt ständig neben Ihrem Kind zu stehen, um einzuschreiten, bevor sie anfangen, zu streiten (und bevor Sie Ihr Kind maßregeln müssen), könnten Sie Ihr Kind bitten, seine Spielzeuge wegzuräumen, bevor die anderen Kinder kommen.

»Schatz, Julia und Charlotte kommen bald. Wenn du nicht möchtest, dass sie mit bestimmten Spielsachen spielen, dann solltest du sie jetzt wegräumen. Alle Spielsachen, die noch herumliegen, wenn die beiden da sind, sind für alle da.«

Oder Sie bemerken, dass Ihr Kind sich immer heimlich mit Ihrem Smartphone versteckt, um Videospiele zu spielen, obwohl die Bildschirmzeiten vorbei sind. Dann könnten Sie das Passwort Ihres Smartphones ändern, sodass Ihr Kind nicht mehr ohne Erlaubnis spielen kann.

Eltern von tollen Kindern sind konsequent

Konsequenz bedeutet, dass Sie tun, was Sie sagen. Es bedeutet, dass Sie vorhersehbar sind. Wenn wir konsequent sind, ist es unwahrscheinlicher, dass unsere Kinder ihre Grenzen austesten, weil sie wissen, dass wir das, was wir ankündigen, auch tun.

Das Prinzip der Konsequenz ist auch der Schlüssel zu effektiven Konsequenzen (siehe S. 131). Wenn Kinder sehen, dass Sie Regeln nur manchmal durchsetzen, dann werden sie Ihre Grenzen austesten (siehe S. 21 und S. 96).

Kurz gesagt: Stellen Sie keine Regeln auf und drohen Sie keine Konsequenzen an, die Sie nicht durchsetzen können oder wollen. (Aber denken Sie daran, dass Regeln nachvollziehbar und Konsequenzen gerecht sein sollten, siehe S. 80).

Wir Eltern sind nicht perfekt (siehe S. 45), also werden wir nicht immer alles durchziehen können. Aber Sie sollten wissen, dass Ihre Kinder Ihre Regeln und Grenzen umso weniger austesten werden, je konsequenter Sie sind.

Wenn Sie zum Beispiel manchmal darauf bestehen, dass Ihre Kinder ihr Geschirr selbst wegräumen, wenn sie mit dem Essen fertig sind, manchmal aber zu müde oder abgelenkt sind, um diese Regel durchzusetzen, sind Sie inkonsequent. Das bedeutet, dass Sie Ihre Kinder dazu motivieren, immer wieder ihr Geschirr stehen zu lassen, um zu sehen, ob sie damit durchkommen.

Psychologen nennen das »Verstärkung mit variablem Verhältnis«. Bei der Verstärkung mit variablem Verhältnis geht es darum, dass unvorhersehbare Reaktionen dazu motivieren, etwas oft zu versuchen, um das gewünschte Ergebnis zu erzielen. Denken Sie an eine Ratte, die einen Hebel betätigen muss, um Futter zu bekommen. Wenn das Betätigen des Hebels in vorhersehbaren (oder fixen) Intervallen Futter bringt, dann weiß die Ratte, wann sie Futter bekommt: Jedes x-te Mal, wenn sie den Hebel betätigt. Die Ratte wird nur zu diesen Zeiten Futter erwarten.

Wenn der Hebel aber nicht vorhersehbar ist, die Intervalle also variabel sind, dann weiß die Ratte nicht, ob sie Futter bekommt, wenn sie den Hebel betätigt. Also wird sie den Hebel immer wieder betätigen, in der Hoffnung, dass sie endlich Futter bekommt. Kinder sind natürlich keine Ratten, aber das Prinzip der Verstärkung mit variablem Verhältnis betrifft auch Menschen.

Inkonsequenz hat für gewöhnlich einen von drei Gründen:

1. Eltern fehlt die Aufmerksamkeit (und sie bemerken gar nicht, wenn sie inkonsequent sind).
2. Eltern wollen die Konsequenzen nicht ziehen (weil es unangenehm oder umständlich wäre).
3. Eltern können die Konsequenzen nicht ziehen (weil es nicht in ihrer Macht steht).

Stellen Sie sich ein Szenario vor, in dem ein Vater mit seinem Kleinkind einkaufen geht. Das Kleinkind räumt ständig die Regale aus. Der Vater sagt, ohne weiter darüber nachzudenken: »Bitte hör auf damit oder wir gehen.« Das Kleinkind sieht seinen Vater verschmitzt an, während es das nächste Regal ausräumt. (Beachten Sie auch, dass der Vater keinen Grund angegeben hat, siehe S. 120, und auch nicht versucht hat, das Verhalten umzuleiten, siehe S. 67 und S. 69).

Der Vater muss jetzt den Einkauf abbrechen. Er war fast fertig, es ist nachvollziehbar, dass er die angedrohte Konsequenz nicht ziehen möchte. Es ist also besser, eine Konsequenz anzukündigen, die er auch umsetzen kann und will. (Aber was soll der Vater jetzt tun, wo er diese Konsequenz schon angekündigt hat? Ich würde vorschlagen, den Supermarkt zu verlassen. Sie könnten in dieser Situation einen Angestellten bitten, den Einkaufswagen für eine Stunde zu reservieren, sodass Sie später zurückkehren und den Einkauf fortsetzen können.)

Dasselbe gilt, wenn unser Kind den Spielplatz oder das Geschäft noch nicht verlassen möchte und wir sagen: »In Ordnung. Dann sehen wir uns, ich gehe jetzt. Du wirst hierbleiben müssen, wenn du nicht mitkommst.« Wer kneift zuerst? Was, wenn das Kind uns nicht glaubt und daher keine Anstalten macht, den Spielplatz oder das Geschäft zu verlassen? Wir können es nicht einfach hierlassen. Daher sollten wir diese Konsequenz auch nicht ankündigen.

Probieren Sie es mal so: Achten Sie besonders auf die Konsequenzen, die Sie Ihren Kindern ankündigen. Noch besser ist es, wenn Sie sich die Konsequenzen schon vorher überlegen, sodass Sie nicht darüber nachdenken müssen, wenn Sie sich mit starken Gefühlen konfrontiert sehen. Stellen Sie sicher, dass Sie die Konsequenzen ziehen können und wollen. Lesen Sie S. 131, wenn Sie Richtlinien für gute Konsequenzen benötigen.

Wenn Sie glauben, dass Sie eine Konsequenz nicht ziehen können oder wollen, dann sollten Sie eine andere Konsequenz ankündigen. Sie könnten aber auch einen Platzhalter (S. 169) verwenden oder das negative Verhalten ignorieren, wenn es nicht allzu schlimm ist.

Und was, wenn Sie Ihre Meinung ändern, aber nicht inkonsequent wirken wollen? Seien Sie transparent (S. 125)! Beschreiben Sie, wie Sie zu Ihrer Entscheidung gekommen sind und warum Sie die Konsequenz ändern. Dadurch verhindern Sie, dass Ihr Kind Ihre geänderte Meinung auf sein schlechtes Verhalten zurückführt (beispielsweise Jammern, Nörgeln oder Ausrasten).

Eltern von tollen Kindern versuchen, sachlich zu bleiben

Eine der häufigsten Herausforderungen für uns Eltern ist es, ruhig und sachlich zu bleiben, wenn Kinder uns reizen oder wir ungeduldig sind. Alle Eltern, mich eingenommen, kämpfen damit.

Eltern wissen, dass sie erfolgreicher sind, wenn sie sachlich bleiben, auf Gefühle eingehen (S. 31), Machtkämpfe vermeiden (S. 158) und liebevoll Regeln durchsetzen (S. 99). Aber das ist natürlich leichter gesagt als getan.

In der Hitze des Gefechts kann es schwierig sein, unsere Gefühle nicht überhandnehmen zu lassen, sodass wir eine Situation wirksam bewältigen können. Egal, ob unser Kleinkind (schon wieder) den Teller vom Tisch schiebt oder unser jugendliches Kind (schon wieder) zu spät nach Hause kommt.

Wenn wir wütend oder frustriert sind, ist es leicht, zu schreien oder aggressiv zu sein. Das kann Kindern Angst machen, sie fühlen sich bedroht oder sie finden es sogar dramatisch und interessant (siehe S. 175). In jedem Fall verschlimmert es die Situation und kann sogar dazu führen, dass unsere Kinder und unsere Beziehung zu ihnen darunter leiden.

Wenn wir schreien, bekommen wir zwar die Aufmerksamkeit unserer Kinder, aber wir bestätigen ein dysfunktionales Kommunikationsmuster (siehe S. 27). Die Forschung hat auch gezeigt, dass Schreien negative Auswirkungen auf Kinder haben kann; sie sind etwa genauso schlimm wie körperliche Bestrafungen. Kinder mit verbal aggressiven Eltern weisen auch ein geringeres Selbstvertrauen, mehr Aggressionspotenzial und eine höhere Anfälligkeit für Depressionen auf.[30]

Es ist ganz normal, wütend oder frustriert zu sein, wenn wir uns mit problematischem Verhalten unserer Kinder auseinandersetzen müssen. Gleichzeitig ist es aber auch wichtig, wie wir diese Gefühle ausdrücken. Wenn wir emotional sind, wenn wir uns mit problematischem Verhalten auseinandersetzen, dann ist es wahrscheinlicher, dass wir diese starken Gefühle wie Wut und Frustration ausdrücken, nicht nur mit dem, was wir sagen, sondern auch nonverbal (siehe S. 85 und S. 87) durch Körpersprache und Stimmlage. Das kann sehr negative Auswirkungen auf unsere Kinder haben. Genauso wie wir Kinder dazu ermutigen sollten, ihre Gefühle zu spüren und sich bewusst für Handlungen zu entscheiden (S. 42), sollten auch wir danach leben.

Ich möchte damit nicht sagen, dass Eltern sich nicht wütend oder frustriert *fühlen* dürfen, wenn ihre Kinder sich nicht benehmen. Aber wir sollten nicht danach *handeln*. Wir können wütend sein, ohne zu schreien oder uns zurückzuziehen. Wir können wütend sein und trotzdem sachlich mit einer Situation umgehen.

Probieren Sie es mal so: Wenn Ihre Kinder Sie auf die Probe stellen oder Sie bemerken, dass Sie ungeduldig werden, atmen Sie tief ein und aus und versuchen Sie, so zu tun, als wären Sie Hotelportier.
Wenn wir uns einen Hotelportier vorstellen, denken wir an eine freundliche, hilfsbereite Person, die auch in den stressigsten Situationen ruhig bleiben kann. Diese Vorstellung hilft Ihnen, denn sie nutzt Ihre Fantasie, um Ihnen zu zeigen, wie Sie reagieren wollen. Solche Vorstellungen helfen uns dabei, uns so zu verhalten, wie wir es uns wünschen.
Hier ist ein Beispiel: Ihr Sechsjähriger ist gerade aus seinem Zimmer gekommen. Er trägt noch immer seinen Schlafanzug, obwohl Sie ihn mehrmals darum gebeten haben, sich anzuziehen. Das kommt in letzter Zeit häufiger vor.
Vielleicht haben Sie nicht gut geschlafen und bevor Sie darüber nachdenken können, schreien Sie schon: »Zieh dich jetzt sofort an! Das kann doch nicht wahr sein! Ich verstehe nicht, wieso du dich nicht anziehen kannst, wenn ich dich schon tausend Mal daran erinnere!« Wahrscheinlich beginnt jetzt ein Machtspiel mit Ihrem Sohn. Ganz abgesehen davon ist der Morgen schon ruiniert.
Wie würde ein Hotelportier diese Situation meistern?

»Schatz, ich weiß, dass du deinen Schlafanzug gerne trägst und ihn am liebsten auch in der Schule tragen würdest (Empathie). Gleichzeitig bitte ich dich, daran zu denken, dass wir Schlafanzüge nur zu Hause tragen, um zu schlafen Grund (S. 120). Bitte zieh dich jetzt an (Bitte). Wieso lässt du deinen Schlafanzug nicht gleich bei der Eingangstür, sodass du ihn gleich nach der Schule wieder anziehen kannst Alternative (S. 69)?«

Natürlich ist jede Situation anders, aber indem Sie so tun, als wären Sie Hotelportier, helfen Sie sich, ruhig und sachlich zu bleiben, und zwar auch dann, wenn Sie sich nicht so fühlen. Sie geben sich selbst ein Vorbild, anhand dessen Sie entscheiden, wie Sie mit einer Situation umgehen, sodass der Konflikt nicht eskaliert.

Wenn Sie häufiger Probleme damit haben, Ihre Gefühle zu bewältigen, dann sollten Sie darüber nachdenken, ob es an Ihrem Schlaf liegt. Schlafmangel kann unsere Fähigkeiten, unsere Impulse zu unterdrücken und unsere Gefühle zu bewältigen, stark beeinträchtigen. Stellen Sie also sicher, dass Sie genug Schlaf bekommen – für die meisten Erwachsenen bedeutet das etwa acht bis neun Stunden pro Nacht. (Lesen Sie auch S. 165.)

Eltern von tollen Kindern bringen ihren Kindern Glücksgewohnheiten bei (und praktizieren sie auch selbst)

Ich habe noch nie Eltern getroffen, die nicht wollten, dass ihre Kinder glücklich sind. Aber Eltern haben oft eine falsche Vorstellung davon, wie sie ihren Kindern helfen können, glücklich zu sein. Jahrzehntelange Forschungen zeigen, was Glück fördert.

Um die Ergebnisse dieser wichtigen Forschungen kurz zusammenzufassen: Glück hat drei Komponenten oder auch »Geschmacksrichtungen«, nämlich Vergnügen, Engagement und Bedeutung.

Vergnügen ist die Art von Glück, die viele Eltern ihren Kindern ermöglichen. Vergnügen bezieht sich auf Präferenzen und Bedürfnisbefriedigung und wir erleben es beispielsweise durch köstliches Essen, lustige Erlebnisse und schöne Dinge. Wir suchen Ferienlager für unsere Kinder aus, die unsere Kinder »mögen« werden, kochen, was unsere Kinder »mögen«, veranstalten Partys, die unsere Kinder »mögen«, und dergleichen. Über lange Zeit kann das unseren Kindern vermitteln, dass Glück bedeutet, dass wir uns gut fühlen, Spaß haben und bekommen, was wir wollen.

Vergnügen und Bedürfnisbefriedigung geben uns ein kurzzeitiges Glücksgefühl. Wenn wir wollen, dass unsere Kinder die Chance haben, ein glückliches und erfülltes Leben zu führen, dann müssen wir ihnen beibringen, dass sie das, was sie gerade tun wollen, also ihre Präferenzen, mit dem abgleichen müssen, was wichtig, gut und bedeutend ist. Die Forschung zeigt, dass die Grundlage langfristigen Glücks aus den anderen beiden Komponenten besteht, nämlich Engagement und Bedeutung.

Engagement beschreibt das kreative Einsetzen unserer Fähigkeiten, um Herausforderungen zu bewältigen. Diese Aktivitäten führen oft zu dem, was man »Flow« nennt, also einen Zustand der völligen Versunkenheit in eine Tätigkeit.[31] Musik und Sport sind gute Beispiele für

Engagement. Aber wir erleben es auch bei Aktivitäten, die uns fordern, von denen wir vereinnahmt werden, weil sie uns Herausforderungen bieten, die uns anspornen.

Aktivitäten, die am ehesten Engagement fördern, machen nicht immer Spaß und sind nicht immer angenehm, zumindest nicht, wenn wir sie beginnen. Wie beim Erlernen eines Instruments oder dem Programmieren eines Computers handelt es sich um komplexe Tätigkeiten, die viel Übung und Durchsetzungsvermögen verlangen (siehe S. 148).

Bedeutung wird auch oft »Dienen« genannt. Es bedeutet, dass wir unsere Fähigkeit einsetzen, um dem Gemeinwohl zu dienen. Wenn wir nach Bedeutung streben, dann konzentrieren wir uns auf Tätigkeiten, die Einfluss und Bestimmung haben, die über unsere eigenen Ziele und Bedürfnisse hinausgehen. Fürsorge und Mitgefühl sind die Grundlage von allem, das Bedeutung hat.

Was bedeutet das? Engagement und Bedeutung machen und glücklicher und zufriedener mit unserem Leben als Vergnügen und Bedeutung macht auch das Leben anderer Menschen schöner. Engagement und Bedeutung sind Glücksgewohnheiten.

Eine weitere Glücksgewohnheit ist Dankbarkeit. Dankbarkeit bedeutet, dass wir alles Gute in unserem Leben sehen, was auch immer es sein mag. Sich in Dankbarkeit zu üben mindert Angst, Nervosität und Depressionen und verbessert unsere physische, psychische und emotionale Gesundheit. Robert Emmons, ein berühmter Dankbarkeitsforscher, sagt, dass Dankbarkeit auch Beziehungen verbessert, »weil sie uns zeigt, dass wir von anderen Menschen Unterstützung und Bestätigung erhalten«. Beziehungen sind ebenfalls wichtig für unser Glück.

Eine vierte, wichtige Glücksgewohnheit wird oft übersehen: Sport. Sport beziehungsweise Bewegung ist eine physische Aktivität mit unzähligen Vorteilen für die psychische Gesundheit. Menschen, die Sport treiben, sind nicht nur gesünder, sondern auch glücklicher. Sport und Bewegung haben so starke Auswirkungen auf unsere psychische und physische Gesundheit, dass sie vielleicht sogar die wichtigsten Schlüssel zu unserem Glück sind.[32]

Andere Glücksgewohnheiten könnten auch Dinge wie Vergebung, Achtsamkeit, Optimismus und Freundlichkeit beinhalten. Ich habe mich auf vier konzentriert: Engagement, Bedeutung, Dankbarkeit und Sport, weil sie uns nicht nur dabei helfen, das Beste aus uns herauszuholen (Engagement und Sport), sondern auch unsere Beziehungen und Gemeinschaften (Dankbarkeit und Bedeutung) miteinbeziehen.

Probieren Sie es mal so: Ausgehend von diesen vier Glücksgewohnheiten schreiben Sie auf, wie Sie sie in Ihren und den Alltag Ihrer Kinder einbauen möchten. Im Folgenden finden Sie einige Ideen, die Ihnen dabei helfen sollen, Ihren Kindern diese Gewohnheiten beizubringen. Aber denken Sie daran, dass Sie diese Gewohnheiten auch vorleben müssen, um Ihre Kinder dafür zu begeistern.

1. Engagement: Hat Ihr Kind ein Hobby, in dem es sich verlieren kann (also eine Flow-Aktivität)? Fordert dieses Hobby Ihr Kind immer weiter, wenn sich seine Fähigkeiten verbessern? Diese zwei Qualitäten – das Gefühl, die Zeit rast an einem vorbei, wenn man sich einer Tätigkeit widmet, und die Möglichkeit, sich größeren Herausforderungen zu stellen, die den eigenen Fähigkeiten entsprechen – sind die Grundpfeiler von Engagement.[33]
   Für jüngere Kinder ist das Spielen eine Flow-Aktivität. Stellen Sie sicher, dass Sie Ihrem Kind jeden Tag die Zeit geben, einfach zu spielen, ohne Regeln und Struktur (siehe S. 150). Helfen Sie Kindern ab sieben Jahren dabei, eine solche Aktivität zu finden, die sie lernen und an der sie wachsen können, wenn sie von sich aus kein bestimmtes Interesse bekunden. Musik und Sport sind gute Anfangspunkte, aber jedes Hobby, das Fähigkeiten erfordert und Ihr Kind herausfordert, ist eine gute Alternative. Denken Sie ruhig weiter – wie wäre es mit Kunst, Gärtnern oder Tischlern? Aber geben Sie Ihrem Kind auch Zeit, zu spielen.
   Bedenken Sie, dass Ihr Kind (1) selbst bestimmen muss, was Flow-Aktivität für es bedeutet, und (2) Ihr Kind Flow vielleicht bei einer Tätigkeit erlebt, an die Sie nicht gedacht hätten. Sie wünschen sich vielleicht, dass Ihr Kind Basketball spielt, aber vielleicht erlebt es Flow beim Nähen.

2. Bedeutung: Ermutigen Sie Ihr Kind, an seine Umwelt zu denken. Freiwillige Arbeit ist eine großartige Möglichkeit, Bedeutung zu erfahren, genauso wie jede andere Aktivität, die Fürsorge und Mitgefühl erfordert. Sie könnten Müll in Ihrer Nachbarschaft aufsammeln, Lebensmittel an einen Obdachlosenverein spenden oder einen Brief an die Stadtverwaltung schreiben, in dem Sie sich für ein Thema aussprechen, das Ihnen wichtig ist.

   Denken Sie daran, dass freiwillige Arbeit und andere bedeutende Aktivitäten nicht dazu gedacht sind, den Lebenslauf Ihres Kindes aufzubessern. Wenn Ihr Kind das Gefühl hat, dass anderen zu helfen nur dazu da ist, den eigenen Lebenslauf aufzubessern, dann wird es diese Aktivitäten auf sich selbst beziehen und nicht auf andere.

3. Dankbarkeit: Eine beliebte Methode, Kindern zu helfen, sich in Dankbarkeit zu üben, ist, Dankbarkeit als Familienaktivität vor dem Essen einzubauen. Vor dem Abendessen könnten Sie beispielsweise jedes Familienmitglied bitten, von etwas zu erzählen, wofür es dankbar ist (z. B. »Ich bin dankbar dafür, dass heute schönes Wetter war und ich meine Pause draußen verbringen konnte« oder »Ich bin dankbar, dass Papa mir heute Schokolade in die Schule mitgegeben hat«).

   Andere Möglichkeiten, sich in Dankbarkeit zu üben, sind: einer anderen Person (persönlich oder per Brief) zu danken, zu beten oder ein Dankbarkeitstagebuch zu führen.

4. Sport und Bewegung: Sie sollten Sport in Ihren und den Alltag Ihres Kindes einbauen. Aber Sie müssen dazu nicht in ein Fitnessstudio gehen oder es überhaupt Sport nennen.[34] Für Kinder sollte Sport auch Spaß bedeuten. Sobald sie sich bewegen und ein bisschen schwitzen, reicht das.

   Weil der Tag nur 24 Stunden hat, sollten Sie Schlaf (S.152) und Sport jeglichen Aktivitäten vor dem Bildschirm vorziehen.

   Fernseher und andere Bildschirme gehören an den Rand des Familienlebens. Wenn Bildschirme immer verfügbar (weil beispielsweise Ihr Wohnzimmer auf einen Fernseher ausgerichtet ist) oder Teil Ihres Alltags (weil der Fernseher während oder nach dem Abendessen eingeschaltet wird) sind, dann ist es wahrscheinlich, dass

Bildschirme viel Zeit einnehmen. Zeit, die Sie besser verbringen könnten, wenn Sie miteinander reden, spielen, lesen und so weiter. Die Zeit, die Sie und Ihre Kinder am Bildschirm verbringen, sollte zweckgebunden und begrenzt sein. Sie könnten beispielsweise freitags einen Fernsehabend mit der Familie verbringen oder nach einer Wanderung am Sonntag einen Videospielwettbewerb veranstalten.

Eltern von tollen Kindern bringen ihren Kindern die GÜD-Regeln bei

Viele Eltern sagen ihren Kindern »Du kannst alles schaffen!«. Wir wollen damit unsere Kinder ermutigen, ihren Interessen zu folgen und sich nicht von der Gesellschaft sagen zu lassen, was sie können oder nicht können. Gleichzeitig lügen wir unsere Kinder damit an, was negative Konsequenzen haben kann.

Es stimmt beispielsweise nicht, dass jeder ein professioneller Basketball-Spieler werden, den Nobelpreis gewinnen oder Model sein kann. Wir alle haben unsere Grenzen, entweder durch unsere genetischen Voraussetzungen oder die statistische Realität des Wettbewerbs. Glück und Möglichkeiten spielen ebenfalls eine große Rolle, wenn es um Erfolg geht. Zumindest größer, als es uns lieb wäre.[35]

Außerdem zeigt die Forschung, dass wir, wenn wir uns ehrgeizige Ziele setzen, uns auch schaden können, wenn wir uns beispielsweise unmoralisch verhalten, um unser Ziel zu erreichen[36] oder uns als Versager fühlen, wenn wir diese Ziele nicht erreichen.

Wenn wir Kindern sagen, dass sie alles schaffen können, dann führt das zu planlosen Vorstellungen. Es impliziert, dass sie selbst die ehrgeizigsten Ziele erreichen können, gibt ihnen aber keine Information darüber, wie sie das bewerkstelligen sollen. Daher ist es besser, unseren Kindern ehrlich zu sagen, dass besondere Erfolge schwer zu erreichen sind und dass Glück eine wichtige Rolle in unserem Leben spielt. Und wir sollten unseren Kindern Richtlinien dafür geben, wie sie ihre Ziele erreichen können. Diese Richtlinien nenne ich GÜD-Regeln.

Anstatt Kindern also zu sagen, dass sie alles schaffen können, bringen wir ihnen GÜD bei: Geduld, Übung und Durchhaltevermögen.

1. Geduld, weil bedeutende Erfolge und das Ausbauen von Fähigkeiten Zeit braucht.
2. Übung, weil Mühe, gemeinsam mit Feedback, das Fundament aller Fähigkeiten ist.
3. Durchhaltevermögen, weil man Hindernisse überwinden muss, egal, was man tut.

Zeigen Sie Ihren Kindern, dass Mühe Erfolg definiert (siehe S. 112), wir Erfolg Schritt für Schritt erreichen und dass wir uns nicht mit anderen vergleichen sollten. Thomas Edison sagte angeblich einmal, als er sah, dass er tausende Stunden Arbeit in Fehlversuche investiert hatte: »Ich habe alles versucht. Ich habe nicht versagt. Ich habe nur tausend Möglichkeiten gefunden, die nicht funktionieren.«

Probieren Sie es mal so: Stellen Sie sich vor, Ihr Kind hat Schwierigkeiten mit den Chemiehausaufgaben und sagt frustriert: »Ich kann das nicht!« Anstatt zu sagen »Doch, du kannst das. Komm, ich zeige es dir«, könnten Sie Folgendes sagen: *»Chemie kann ziemlich schwierig sein, ich verstehe, dass du damit gerade Probleme hast. Je mehr Zeit und Arbeit du in Chemie investierst, desto leichter wird es dir fallen.«* Dann unterstützen Sie Ihr Kind, indem Sie seine Fragen bestmöglich beantworten, ohne die Aufgaben für es zu lösen (siehe S. 118).

Und wenn Sie jemanden sehen, der sein Fach unglaublich gut beherrscht, beispielsweise einen professionellen Sportler oder einen berühmten Musiker, dann könnten Sie Folgendes sagen: *»Wow! Sie ist wirklich eine großartige Tennisspielerin. Ich wette, sie hat viele Jahre und tausende Stunden Training hinter sich, um so gut zu werden!«*

Eltern von tollen Kindern achten auf Spielzeiten

Fred Rogers, TV-Moderator einer Sendung auf PBS, sagte einmal, dass »Spielen für Kinder Lernen ist. Spielen ist die Arbeit der Kindheit.« Die Forschung gibt ihm recht: Freies, unstrukturiertes Spielen ist unglaublich wichtig für die Entwicklung.[37] Spielen unterstützt die Entwicklung des Gehirns, fördert Kreativität und die Fähigkeit, Entscheidungen zu treffen und Probleme zu lösen, und stärkt unsere Sozialkompetenz. Und das sind nur ein paar der zahlreichen Vorteile.

Manche Kinder haben vielleicht nicht die Möglichkeit, zu spielen (weil die Nachbarschaft sehr unsicher ist), aber auch Kinder, die alle Möglichkeiten hätten, haben oft nicht genug Chancen, ihren spielerischen Launen nachzugehen. Paradoxerweise nehmen oft gerade die Eltern, die ihren Kindern viel Zeit zum freien Spielen zu Verfügung stellen könnten, ihnen diese Möglichkeit zur Entwicklung.[38]

Wenn Kinder volle Terminkalender haben, weil sie sportlichen Aktivitäten nachgehen, Nachhilfe bekommen und andere klar strukturierte, nach Meinung der Eltern bereichernde Erfahrungen machen sollen, so großartig diese auch sein mögen, haben sie nicht genügend Zeit, nach Lust und Laune zu spielen. In manchen Familien ist Spielzeit die Zeit, die übrigbleibt, wenn alle anderen, scheinbar wichtigeren Aktivitäten abgeschlossen sind. Dabei sollte Spielzeit eine Priorität sein. Und unter Spielzeit verstehe ich unstrukturiertes, fantasievolles, kindgerechtes Spielen ohne Ziel, nur zum Selbstzweck.[39]

Das bedeutet natürlich nicht, dass Sie Ihre Kinder nicht für Sportklassen oder zum Musikunterricht anmelden sollen. Strukturierte Aktivitäten machen ja auch Spaß, aber Sie sollten sicherstellen, dass Ihre Kinder jeden Tag genügend Möglichkeiten haben, zu spielen, vor allem draußen. Wie viel Zeit sollten Sie dafür veranschlagen? Die Forschung sagt, dass sechzig Minuten am Tag das Minimum sind, aber diese sechzig Minuten können über den Tag verteilt werden.[40]

Für junge Kinder (Kindergarten und jünger) sollte Spielzeit die Haupt-aktivität des Tages sein. Ältere Kindergartenkinder lernen Lesen oder Rechnen durch Spiele und durch die Interaktion mit ihren Betreuern. Aber es sollte nicht erzwungen werden. Das Ziel sollte sein, eine Um-gebung zu schaffen, in der Kinder lernen wollen und die ihre soziale und emotionale Entwicklung fördert.

Kinder, die viel Spielzeit haben, entwickeln auch bessere Selbstkon-trolle und lernen, Entscheidungen zu treffen – diese Fähigkeiten wer-den ihnen in Zukunft nützlich sein (siehe auch S. 93).[41]

Probieren Sie es mal so: Wenn Sie Ihr Kind für eine ganztägige Grund-schule anmelden, sollten Sie sicherstellen, dass den Kindern genügend Spielzeit gegeben wird. Diese Spielzeit unterscheidet sich vom Turnen, das strukturiert und regelbasiert ist.

Vermeiden Sie es außerdem, ihre Kinder zu viel zu vielen außerschu-lischen Aktivitäten anzumelden. Wie viel ist zu viel? Zunächst sollten diese Aktivitäten die Schlafzeiten Ihres Kindes nicht beeinträchtigen (siehe S. 152). Experten wie David Elkind empfehlen, dass außer-schulische Aktivitäten nicht mehr Zeit vereinnahmen sollten als die Spielzeit.[42]

Eltern von tollen Kindern wissen, wie wichtig Schlaf ist

Für die Entwicklung Ihres Kindes ist nicht nur Spielzeit (S. 150), sondern auch Schlaf fundamental. Weil Kinder aber immer vollere Terminkalender haben und ihnen in der Schule immer mehr abverlangt wird, rückt Schlaf oft in den Hintergrund. Weil die Hausaufgaben und das Fußballtraining wichtiger erscheinen, wird der Schlaf vernachlässigt. Eltern haben oft gute Vorsätze, aber dann kommt ihnen das Leben in die Quere.

Sie fragen sich vielleicht, wieso ein Buch, das Ihnen helfen soll, die soziale und emotionale Entwicklung Ihres Kindes zu fördern, Schlaf behandelt. Schlaf hat unglaubliche Auswirkungen auf das soziale und emotionale Wohlbefinden Ihres Kindes, und zwar so starke Auswirkungen, dass ich ihn hier behandeln muss.

Kinder, die nicht genug Schlaf bekommen, sind emotional unausgeglichen, haben schlechtere Noten und mehr Verhaltensschwierigkeiten, um nur ein paar der negativen Auswirkungen von Schlafentzug zu nennen. Und trotzdem geben Eltern in Umfragen immer wieder an, dass sie glauben, dass ihre Kinder genug Schlaf bekommen – meistens bekommen sie ihn nicht.

Die Differenz zwischen genug und zu wenig Schlaf ist erstaunlich gering: Forscher haben herausgefunden, dass schon siebenundzwanzig Minuten ausreichen, um das Verhalten und das emotionale Wohlbefinden von Kindern signifikant zu verbessern.[43] Jede Minute zählt.

Übrigens ist Schlaf für Erwachsene genauso wichtig (siehe S. 165) und Schlafmangel beeinträchtigt Ihre Fähigkeit, ruhig und sachlich (S. 140) mit Ihren Kindern umzugehen. Wenn Patienten mir sagen, dass sie gerne aufhören würden, ihre Kinder anzuschreien, dann frage ich immer zuerst: Wie viel Schlaf bekommen Sie? Ich sehe einen direkten Zusammenhang zwischen Impulskontrolle und Schlaf.

Probieren Sie es mal so: Sehen Sie den Schlaf Ihres Kindes als Fixpunkt an. Wenn Ihre Kinder nicht genug Schlaf bekommen, müssen andere Dinge Platz machen, nicht umgekehrt.

Halten Sie sich an folgende Richtlinien:

- Kleinkinder (1–2 Jahre): 11 bis 14 Stunden Schlaf pro Nacht
- Kindergartenkinder (3–5 Jahre): 10 bis 13 Stunden
- Grundschul- und Unterstufenkinder (6–13 Jahre): 9 bis 11 Stunden
- Jugendliche (14–18 Jahre): 8 bis 10 Stunden

Aber das sind nur Richtlinien. Vielleicht braucht Ihr Kind mehr oder sogar weniger Schlaf. Achten Sie auf das Verhalten und das emotionale Wohlbefinden Ihres Kindes und passen Sie seine Schlafdauer an. Was wie schwieriges Verhalten aussieht, ist oft einfach nur Schlafmangel.

Eltern von tollen Kindern ermutigen ihr Kind, (kleine) Risiken einzugehen

Es ist nur natürlich, dass Eltern ihre Kinder vor Enttäuschungen bewahren möchten. Aber dieser Wunsch kann auch negative Auswirkungen haben, wenn er immer erfüllt wird. Egal, ob wir immer den Spielplatz im Auge behalten, unseren Kindern verbieten, auf Bäume zu klettern, oder darauf bestehen, unser zehnjähriges Kind zum Nachbarn zu begleiten: Unsere Vorsicht darf nicht die Entwicklung unseres Kindes stören, indem sie ihm die Möglichkeit nimmt, von seinen Fehlern zu lernen und Widerstandsfähigkeit und Durchhaltevermögen zu entwickeln. Risiken einzugehen ist ein wesentlicher Bestandteil der kindlichen Entwicklung.

Wichtig ist, die Risiken abzuwägen. Wir sollten uns nicht fragen, ob etwas riskant ist, sondern ob das Risiko einer Aktivität oder Situation die Vorteile wert ist. Und wir sollten mit einrechnen, wie wahrscheinlich und schwerwiegend diese Risiken tatsächlich sind.

Wenn unser Kind also auf einen Baum im Park klettern möchte, unter dem weiche Erde ist, dann sehen wir zwar ein Risiko darin, dass es herunterfallen könnte, aber wir sehen auch, dass es so Gleichgewicht, Kraft, Grenzen und Durchhaltevermögen trainieren kann. Wenn unter dem Baum jedoch viele spitze Steine liegen, dann zeigen wir unserem Kind einen anderen Baum, der weniger Gefahren birgt. Die gleichen Vorteile mit weniger Risiko.

Wir können unseren Kindern auch sagen, warum wir einen anderen Baum vorschlagen, sodass sie lernen, wie sie selbst Entscheidungen über riskante Situationen und ihre Vorteile treffen können (siehe auch S. 47).

Probieren Sie es mal so: Welche Aktivitäten empfinden Sie als riskant? Welche Aktivitäten lassen Sie gar nicht zu oder überwachen Sie streng? Denken Sie über mögliche Vorteile dieser Aktivitäten nach – denken Sie dabei vor allen an Lernmöglichkeiten und Entwicklungsförderung. Und denken Sie an die kurzzeitigen und langfristigen Risiken. (Siehe auch S. 129.)

Sie zögern beispielsweise, Ihr zehnjähriges Kind allein zu einem Freund gehen zu lassen, da Sie Angst haben, es könnte von einem Auto angefahren oder von einem Fremden angesprochen werden. Aber was sind die Vorteile? Ihr Kind entwickelt Autonomie, lernt, sich in der Nachbarschaft allein zurechtzufinden, und bekommt das Gefühl, gewisse Dinge auch alleine zu schaffen. Und noch etwas: Sie müssen nicht immer auf Ihr Kind aufpassen.

Gefahren? Denken Sie darüber nach, wie wahrscheinlich es ist, dass Ihr Kind von einem Auto angefahren wird oder ein Fremder es anspricht. Und fragen Sie sich auch, ob Sie diese Risiken vielleicht minimieren können (wie im Beispiel mit dem Baum vorhin). Sie könnten Ihr Kind zum Beispiel bitten, auf die Straße und den Verkehr zu achten (und nicht mit dem Smartphone zu spielen), und mit ihm üben, was es tun soll, wenn ein Fremder es anspricht.

Schlussendlich liegt die Entscheidung bei Ihnen, aber wenn Sie hin und wieder Risiken eingehen, wird Ihr Kind schnell lernen, welche Risiken es eingehen kann und was es davon hat.

Eltern von tollen Kindern ermuntern ihre Kinder, Gutes zu tun

Ich meine damit nicht, dass Eltern ihre Kinder dazu ermutigen sollen, bessere Noten zu bekommen oder mehr Sport zu treiben. Ich spreche von moralischer Erziehung.[44]

Dass bedeutet, dass Sie ihren Kindern beibringen, auf die Bedürfnisse anderer Menschen zu achten und ihnen zu helfen. Das könnte freiwillige Arbeit im Obdachlosenheim bedeuten oder dass Ihr Kind sich mit dem unbeliebten Kind aus der Schule anfreundet.

Gutes zu tun hilft sowohl Ihren Kindern als auch den Menschen in Ihrer Gemeinschaft. Kinder lernen nicht nur, sich um andere Menschen zu kümmern, sondern auch, ein glückliches, erfülltes Leben zu führen. Und es hat nicht nur Vorteile für den, der gibt und den, der bekommt, sondern auch für alle, die diese gute Tat mitbekommen.

Gutes zu tun ist auch eine wichtige Glücksgewohnheit (siehe S. 143), aber ich habe diesem Thema ein Kapitel gewidmet, um zu zeigen, wie wichtig es ist.

Probieren Sie es mal so: Sie können Ihre Kinder ermutigen, Gutes zu tun, indem Sie ihnen vorleben, dass es nicht nur wichtig ist, sich um seine Familie und seine Freunde zu kümmern, sondern auch Dinge zu unternehmen, die gut für das Gemeinwohl sind.
Das könnten strukturierte Aktivitäten wie freiwillige Arbeit oder unstrukturierte Aktivitäten wie Spielzeuge zu spenden sein. Sie könnten den Kaffee für die Person, die in der Schlange hinter Ihnen steht, bezahlen oder einfach einen anderen Menschen anlächeln. Ihr Kind könnte das neue Kind an der Schule zum Mittagessen einladen oder helfen, den Park von Müll zu befreien. Die Zeit, die Sie mit solchen Aktivitäten verbringen, wird Ihrem Kind zeigen, wie wichtig Ihnen dieses Prinzip ist.
Sie tun Gutes nicht, um Ihren Lebenslauf aufzubessern. Wenn Kinder

direkt oder indirekt das Gefühl haben, dass sie Gutes tun, um ihren Lebenslauf aufzubessern, dann sind die Vorteile davon ins Gegenteil verkehrt.

Eltern von tollen Kindern vermeiden Machtkämpfe

Wir alle waren schon einmal an diesem Punkt: Eine einfache Bitte an unser Kind (»Bitte zieh dir deine Schuhe an/mach dich für die Schule fertig/mach deine Hausaufgaben«) stößt auf Widerstand (»Nein!«) oder wird ignoriert. Und was jetzt?

Wir können es einfach sein lassen oder auch selbst tun, aber damit riskieren wir, dass unsere Kinder lernen, dass sie uns ignorieren können (siehe S. 72). Wir können sie anschreien und sagen, dass sie es besser *jetzt* tun. Aber dadurch kann die Situation eskalieren, was zu Machtkämpfen führt und unsere Beziehung zu unseren Kindern beeinträchtigt (siehe S. 184).

Eine bessere Möglichkeit wäre, nochmal darum zu bitten (aber beachten Sie S. 82) und uns darauf vorzubereiten, unsere Bitte sachlich (S. 140) mit angemessenen Konsequenzen (siehe S. 131) durchsetzen.

Wenn es ein schwerwiegendes oder langfristiges Problem ist (z. B. will sich Ihr Sohn morgens nicht für die Schule fertig machen), dann sind Wiederholungen (S. 181) die beste Wahl, mit dem Problem umzugehen.

Wenn wir aber immer wieder auf Konsequenzen zurückgreifen müssen, damit unsere Kinder uns zuhören und tun, was wir sagen, dann leidet unsere Beziehung zu ihnen (oder tut es bereits). Konsequenzen sind zwar ein Bestandteil des elterlichen Werkzeugkastens, aber sie sollten nicht die Antwort auf alle Situationen sein.

Wenn wir einen Machtkampf mit unseren Kindern austragen, gewinnt niemand. Es ist besser, sie von Anfang an zu vermeiden.

Probieren Sie es mal so: Die folgenden Taktiken in diesem Buch können Ihnen dabei helfen, Machtkämpfe zu vermeiden, indem Sie eine innige Beziehung zu Ihrem Kind aufbauen, die auf gegenseitigem Vertrauen und Respekt basiert.

1. Wechseln Sie die Perspektive (S. 168): Sagen Sie Ja statt Nein, ohne dabei das zu verändern, was Sie meinen.

2. Rücken Sie Ihre Bitte ins rechte Licht (S. 170): Nutzen Sie die Macht der Fantasie und des Spiels, um das Kind zum erwünschten Verhalten zu motivieren.

3. Teilen Sie Ihre Macht (S. 103): Geben Sie Ihren Kindern altersgerechte Möglichkeiten, ihre eigenen Entscheidungen zu treffen (und Fehler zu machen).

4. Respektieren Sie ihre Realität (S. 34): Erlauben Sie Ihren Kindern, für sich selbst zu denken und zu fühlen, auch wenn Sie ihre Art und Weise, die Welt zu erfahren, nicht verstehen.

5. Lassen Sie Fehler zu (S. 47): Sie sollten verstehen, dass Fehler ein wichtiger Erfahrungsschatz sind und unseren Kindern beibringen, wie sie bessere Entscheidungen treffen und neue Fähigkeiten erwerben können.

6. Geben Sie Gründe an (S. 120): Denken Sie über den Grund Ihrer Bitte nach und leben Sie vor, wie wichtig es ist, gute Gründe für sein Handeln zu haben.

7. Zeigen Sie Empathie (S. 31): Respektieren Sie die Gefühle Ihres Kindes und geben Sie ihm die Möglichkeit, Gefühle in einem sicheren Raum auszuleben.

8. Seien Sie liebevoll und herzlich (S. 107) und S. 184: Stellen Sie sicher, dass der Umgang mit Ihrem Kind die Möglichkeit bietet, eine gesunde und liebevolle Beziehung aufzubauen, die auf Vertrauen und Respekt basiert.

Eltern von tollen Kindern vermeiden Belohnungssysteme

Unter Belohnungssysteme verstehe ich alle Systeme, die Eltern erfinden, um ihre Kinder zu gutem Benehmen zu motivieren. Damit meine ich zum Beispiel, dass sie ihre Kinder bezahlen, wenn sie im Haushalt helfen, oder dass sie gutes Benehmen mit Aufklebern belohnen (und das gilt auch dann, wenn die Belohnung sinnvoll ist, beispielsweise Bücher). Belohnungssysteme sorgen dafür, dass Kinder lernen, gutes Benehmen gegen Belohnungen einzutauschen.

Das Problem dabei ist nicht, dass diese Systeme nicht funktionieren – wenn Sie die richtige Belohnung in Aussicht stellen, funktionieren sie sogar sehr gut. Aber die Forschung zeigt, dass solche Systeme die Motivation Ihres Kindes negativ beeinflussen[45] und in Ihrem Kind die Erwartung festigt, dass es für Tätigkeiten, die von einem verantwortungsbewussten und hilfreichen Familienmitglied erledigt werden sollten, entschädigt wird.[46]

Ein verräterisches Zeichen dafür, dass Sie ein Belohnungssystem etabliert haben: Wenn Sie Ihre Kinder darum bitten, etwas zu tun, beispielsweise: *»Bitte leg die Wäsche zusammen«*, und sie antworten mit *»Was bekomme ich dafür?«*. Noch ein Zeichen: Sie sagen Ihren Kindern, sie bekämen eine Belohnung/einen Aufkleber/einen Preis, wenn sie etwas täten, beispielsweise die Küche aufzuräumen, und Ihre Kinder antworten mit *»Nein danke«*. Sie fühlen sich nicht dazu verpflichtet, im Haushalt zu helfen, weil sie Ihre Entschädigung nicht akzeptieren.

Auch wenn solche Systeme kurzfristig eine gute Lösung zu sein scheinen – schließlich bekommen wir das positive Verhalten, das wir uns wünschen –, schaffen sie auf lange Sicht neue, schwerwiegendere Probleme: Kinder, die die Rolle, die sie in der Familie spielen, als Job wahrnehmen, für den sie bezahlt werden. Vor allem geben solche Belohnungssysteme Kindern nicht die Möglichkeit, die Selbstdisziplin und Selbstbeherrschung zu üben, die sie später einmal brauchen werden (siehe S. 93).

Sie fragen sich vielleicht, was an dem, worum wir unsere Kinder bitten, sonst motivierend sein soll (Hausaufgaben, Mithilfe im Haushalt und dergleichen). Meine Antwort: Kinder, die lernen, das zu tun, was zu tun ist, auch wenn sie keine Lust darauf haben, entwickeln ein Gefühl von Autonomie, Kompetenz und Selbstbeherrschung. Ähnliche Vorteile haben Kinder, die gelernt haben, etwas Wünschenswertes hinauszuzögern, um ein noch besseres, wünschenswerteres Ergebnis zu erzielen (z. B. hinausgezögerte Befriedigung, wie sie auch im Marshmallow Experiment (S. 93) gezeigt wurde).

Mit viel Unterstützung (S. 89) und Übung lernen Kinder, ihre Gefühle zu spüren und sich für ihre Handlungen zu entscheiden (S. 42). Zum Beispiel: »Ich möchte gerade nicht den Boden aufwischen, aber ich mache es trotzdem, weil ich weiß, dass es gemacht werden muss.«

Diese Kinder werden wahrscheinlich zu Erwachsenen mit viel Selbstbeherrschung werden. Denken Sie nur daran, wie viele Aktivitäten wir hinauszögern, weil uns gerade nicht danach ist (»Ich sollte heute ins Fitnessstudio gehen, aber ich würde viel lieber fernsehen/essen gehen/dieses Meeting vorbereiten«).

Dieses Prinzip in Ihre Familie einzuführen bedeutet, dass Sie vielleicht viel Zeit aufwenden und Unannehmlichkeiten in Kauf nehmen müssen, um langfristig ein besseres Ergebnis zu erzielen (S. 27). Denn so bringen Sie Ihren Kindern zwei wichtige Dinge bei:

1. Sie können etwas tun, worauf sie keine Lust haben, weil es getan werden muss (beispielsweise im Haushalt zu helfen oder zu lernen).
2. Sie wissen, wie sie etwas *nicht* tun, auf das sie gerade Lust haben (beispielsweise impulsives Verhalten).

Für mich klingt das nach einem guten Geschäft, selbst wenn das Familienleben kurzzeitig stressiger wird.

Probieren Sie es mal so: Belohnungssysteme können erfolgreich eingesetzt werden, aber es gibt einige Fallgruben, die auf Sie warten, wenn Sie sie falsch einsetzen. Die meisten Eltern profitieren auf lange Sicht eher von anderen Strategien zur Förderung guten Verhaltens.[47] Dieses Buch soll Ihnen andere Möglichkeiten aufzeigen.

Wenn Sie zurzeit Belohnungssysteme verwenden und damit aufhören möchten, dann sollten Sie zunächst Ihre Kinder darüber informieren.[48] Wenn Ihre Kinder gerade mit einem größeren Vorhaben beschäftigt sind, dann geben Sie ihnen die Chance, es abzuschließen, und beenden dann das Belohnungsprogramm (das zeigt, dass Sie sich konsequent an das, was Sie sagen, halten, (S. 21).

Ihre wichtigsten Werkzeuge zum Belohnen guten Verhaltens werden Anerkennung und Lob (siehe S. 74 und S. 112) sein. Wenn Sie merken, dass Ihre Kinder bestimmte Aufgaben nicht übernehmen wollen, dann nutzen Sie Empathie (S. 31), Gründe (S. 120) und vor allem Wiederholungen (S. 181).[49]

Wenn Ihre Kinder Sie zu ignorieren scheinen, wenn Sie sie um etwas bitten, dann stellen Sie zunächst sicher, dass sie Sie auch wirklich gehört haben (siehe S. 82). Geben Sie ihnen einen Grund für Ihre Bitte und wenn Sie ein zweites Mal bitten müssen, warnen Sie Ihre Kinder vor den Konsequenzen (S. 122). Andere nützliche Hilfsmittel sind Gerüste (S. 118) und Wiederholungen. Vielleicht müssen Sie sich auch darum kümmern, dass dieses neue Verhalten Bestand hat.

Zum Beispiel: »*Schatz, in fünf Minuten räumen wir deine Spielsachen im Wohnzimmer weg.*« »*Neeeeein ... Ich will nicht.*« »*Ich weiß, dass du nicht willst, Schatz. Du möchtest gerne weiterspielen* (Empathie). *Gleichzeitig teilen wir uns alle dieses Haus, also musst du deinen Teil dazu beitragen, dass es sauber und ordentlich bleibt* (Bitte/Grund).« »*Neeeeeein ...*« (Oder Stille/Ignorieren).

Gehen Sie nun zu Ihrem Kind und versuchen Sie, es in den Aufräumprozess einzubinden. Versuchen Sie, Ihre Bitte ins rechte Licht zu rücken (S. 170), um die Aktivität spannender erscheinen zu lassen (z. B. könnten Sie ein Aufräumlied singen oder einen Gesangswettbewerb starten). Wenn Ihr Kind noch immer nicht helfen möchte, dann wiederholen Sie sachlich (S. 140) Ihre Bitte und warnen Sie vor Konsequenzen (S. 131).

»Schatz, es ist jetzt Zeit, aufzuräumen. Ich weiß, dass du deine Spielsachen nicht wegräumen möchtest. Wenn du nicht hilfst, die Spielsachen aufzuräumen, dann werde ich die Spielsachen für [einen altersgerechten Zeitraum] *behalten, da du dich nicht für sie verantwortlich fühlst* (Warnung).«

Falls es notwendig ist, müssen Sie die Konsequenz ziehen und die Spielsachen für einen bestimmten Zeitraum einziehen.

Um diese Situation in Zukunft zu vermeiden, könnten Sie eine Wiederholung vorschlagen, sodass Ihr Kind diese Situation üben kann.

Wenn ihr Kind hilft, dann zeigen Sie Freude und geben Sie spezifisches Lob: »Schau, wir haben es geschafft! Das Wohnzimmer sieht so aufgeräumt aus. Ich bin wirklich stolz auf dich, dass du so eine große Hilfe warst und all deine Autos in die Schachtel gelegt hast und das, obwohl du nicht aufräumen wolltest.« Denken Sie daran, Ihr Kind für alles, das es gut gemacht hat, zu loben, auch wenn es Ihren Erwartungen nicht ganz entsprochen hat. Lob motiviert zu positivem Verhalten.

Eltern von tollen Kindern nehmen sich Zeit, ihren Kindern Aufmerksamkeit zu schenken

Eine neue Studie hat gezeigt, dass über ein Drittel aller Eltern sich *immer* beschäftigt/gestresst fühlt.[50] Gleichzeitig sorgen Smartphones und Computer dafür, dass wir oft von zu Hause aus weiterarbeiten. Wir kennen (und sind vielleicht sogar) Eltern, die ständig E-Mails abrufen oder telefonieren, wenn ihre Kinder neben ihnen spielen.

Auch wenn wir unserer Arbeit gegenüber Verpflichtungen haben, müssen wir sicherstellen, dass wir genug Zeit für unsere Kinder haben. Wenn wir warten, bis wir Zeit »haben« oder »finden«, warten wir vielleicht lange.

Genauso wie wir uns Zeit für uns selbst nehmen sollten (S. 165), sollten wir uns auch die Zeit nehmen, unseren Kindern unsere volle Aufmerksamkeit zu schenken. Wenn Kinder nicht unsere ungeteilte Aufmerksamkeit bekommen, werden sie wahrscheinlich zu anderen Methoden greifen, um sie zu bekommen (z. B. negative Aufmerksamkeit). Negatives Verhalten und Ausraster sind typische Symptome mangelnder Aufmerksamkeit.

Probieren Sie es mal so: Denken Sie über Ihren Alltag nach, nehmen Sie Ihren Kalender zur Hand und sehen ihn sich genau an. Suchen Sie für jeden Tag ein Zeitfenster – und wenn es nur fünf Minuten sind –, in dem Sie Ihrem Kind Ihre ungeteilte Aufmerksamkeit schenken. Wenn Sie zwei oder mehr Kinder haben, dann können Sie Zeit mit ihnen gemeinsam oder aber auch einzeln verbringen, je nachdem, wie die Beziehung zwischen Ihren Kindern ist.

Wenn Sie besonders gestresst sind oder es Ihnen schwerfällt, die Arbeit beiseitezulassen, könnten Sie einen regelmäßigen Termin in Ihren Kalender eintragen, der für Ihre Kinder reserviert ist. Sie sollten diesen Termin genauso ernst nehmen wie eine Besprechung mit Ihrem Chef oder ein Meeting mit einem Kunden. Schalten Sie Ihr Handy stumm und Ihren Computer aus. Nutzen Sie diese wertvolle und wichtige Zeit und lassen Sie sich nicht dabei stören.

Eltern von tollen Kindern nehmen sich Zeit für sich selbst

Eltern müssen sich nicht nur die Zeit nehmen, ihren Kindern ihre ungeteilte Aufmerksamkeit zu schenken, sondern sich auch Zeit für sich selbst nehmen.

Zeit für sich selbst ist für gute Erziehung unglaublich wichtig. Wenn Sie müde, ausgebrannt, schlecht ernährt und entspannt sind, sind Sie nicht Sie selbst und Ihnen fehlen Energie und Geduld. Dieser Zustand macht es schwer, alltägliche erzieherische Herausforderungen ruhig und sachlich zu bewältigen.

Viele Eltern nehmen sich aus verschiedensten Gründen nicht genug Zeit für sich selbst:

- Sie bemerken gar nicht, wie sehr es sie beeinträchtigt.
- Sie fühlen sich schuldig, wenn sie sich (vermeintlich) von der Familie zurückziehen.
- Sie glauben, dass sie keine Zeit haben.
- Sie sind vielleicht so erschöpft, dass sie dafür gar keine Energie mehr haben.

Vielleicht haben Sie keine »Lust«, sich Zeit für sich selbst zu nehmen, aber es ist wichtig, dass Sie es dennoch tun (S. 42).

Bitte, nehmen Sie sich die Zeit, eine nachhaltige Routine für sich zu entwickeln. Dafür machen Sie sich einen Termin mit sich selbst aus, genauso wie Sie auch ein Meeting planen würden. Wenn Sie warten, bis Sie Zeit haben oder »finden«, passiert nichts.

Eine gute Routine umfasst (mindestens):

- genug Schlaf (die meisten Erwachsenen brauchen mindestens sieben Stunden Schlaf pro Nacht)
- gesunde Ernährung
- regelmäßige Bewegung (Spazieren reicht aus)

- regelmäßig Zeit für sich selbst (für ein Hobby oder einfach nur, um allein zu sein)
- regelmäßigen sozialen Kontakt (mit einem Partner oder mit Freunden)

Eine gute Routine zu etablieren hilft Ihnen nicht nur dabei, ein besserer Vater oder eine bessere Mutter zu sein, sondern Sie leben Ihren Kindern damit auch einen gesunden Lebensstil vor.

Der »Routine«-Aspekt ist sehr wichtig. Sie werden merken, dass Sie erfolgreicher sind, wenn Sie solche Termine regelmäßig einplanen. Planen Sie, wann Sie Sport machen wollen, sich mit Freunden treffen, meditieren, schlafen und dergleichen tun wollen.

Dabei einer bestimmten Routine zu folgen bedeutet, dass Sie sich nicht entscheiden müssen und dadurch genug Energie für andere Dinge haben (z. B.: »Jeden Montag, Mittwoch und Freitag gehe ich während meiner Mittagspause spazieren«, oder »Wenn meine Tochter schläft/beim Fußballtraining ist, meditiere ich«).

Sich Zeit für sich selbst zu nehmen bringt Ihren Kindern außerdem bei, dass die Bedürfnisse anderer Menschen wichtig sind. Und Sie sind so ein gutes Vorbild für Ihre Kinder. Wenn Sie ständig Ihre eigenen Bedürfnisse (Schlaf, Hobbys, Zeit mit Freunden, eigene Projekte, usw.) gegenüber denen Ihrer Kinder hintanstellen, lernen Sie nicht, wie Sie Ihre Bedürfnisse mit denen anderer Menschen abgleichen können. Ihre Kinder erheben so Anspruch auf Ihre Zeit und das belastet Ihre Beziehung zu ihnen. Es scheint paradox zu sein, aber sich Zeit für sich selbst zu reservieren, hilft auch Ihren Kindern.

Probieren Sie es mal so: Fragen Sie sich selbst: Würde ich wollen, dass meine Kinder meinen Lebensstil übernehmen? (Lesen Sie auch S. 64.) Nehmen Sie Ihren Kalender zur Hand und planen Sie zwanzig oder dreißig Minuten an zumindest drei Tagen die Woche ein, um Sport zu machen (spazieren gehen, wandern, schwimmen, tanzen, dehnen und so weiter). Sie müssen sich in keinen Kurs einschreiben oder ins Fitnessstudio gehen. Bewegen Sie sich einfach.

Schreiben Sie sich diese Tage und Zeiten auf. Schreiben Sie auf, wann Sie Sport machen wollen, und tragen Sie sich einen Termin in Ihren Kalender ein. Vielleicht können Sie mit einem Freund oder einer Freundin Sport machen. Dann fällt es Ihnen schwerer, den Termin abzusagen (und Sie verbringen Zeit mit Freunden).

Tragen Sie außerdem mindestens einen Termin pro Monat für eine soziale Aktivität ein (ein Date mit Ihrem Partner, Kaffee mit Freunden, freiwillige Arbeit usw.).

Stellen Sie sicher, dass Sie genug Schlaf bekommen. Für die meisten Erwachsenen bedeutet das etwa sieben Stunden pro Nacht. Am besten sehen Sie, wie viel Schlaf Sie brauchen, wenn Sie sich ein paar Tage Urlaub nehmen und sich keinen Wecker stellen. Wie lange schlafen Sie dann?

Bitte unterschätzen Sie nicht die negativen Auswirkungen, die Schlafmangel haben kann. Wenn Sie an Depressionen leiden, Angst haben oder regelmäßig ihre Kinder anschreien, kann Schlafmangel die Ursache sein.

Sobald Sie ein wenig Übung darin haben, sich Zeit für sich selbst zu nehmen, können Sie auch mehr Aktivitäten einplanen.

Eltern von tollen Kindern rücken alles in positives Licht

Damit meine ich, dass Sie Ja statt Nein sagen, aber dasselbe meinen.

Probieren Sie es mal so: Anstatt zu sagen: *»Nein, wir können nicht in den Park gehen, wenn wir kein Mittagsschläfchen gemacht haben«*, sagen Sie einfach: *»Ja, wir können in den Park gehen, sobald du dein Mittagsschläfchen gemacht hast.«*
Sie sagen im Prinzip dasselbe, aber der Ton hat sich geändert. Und ganz nebenbei: Gegen ein »Ja« wehren sich Kinder für gewöhnlich nicht.

Eltern von tollen Kindern nutzen Platzhalter

Als Platzhalter bezeichne ich eine Technik, die besonders nützlich ist, wenn Sie negatives Verhalten ansprechen müssen, aber nicht die Zeit haben (weil Sie beispielsweise gleich los müssen) oder die Umstände sich nicht für eine konstruktive Diskussion eigenen (z. B. weil Sie und/oder Ihre Kinder hungrig oder müde sind, siehe S. 79).

Wenn Sie Ihre Kinder maßregeln müssen, tun Sie das am besten immer gleich. Doch das ist manchmal nicht möglich. In diesen Situationen nutzen Sie einen Platzhalter und kehren zu dem Problem sobald wie möglich zurück.

Ein Platzhalter ist ein kurzes Anerkennen des negativen Verhaltens, auf das Sie zurückkommen müssen, und die Information, dass Sie diese Diskussion später werden führen müssen.

Probieren Sie es mal so: Anstatt negatives Verhalten nicht anzusprechen, weil Sie müde, hungrig oder gestresst sind, nutzen Sie einen Platzhalter und kehren zu dem Problem zurück, sobald Sie können und alle Beteiligten sich beruhigt haben.

»Schatz, ich habe bemerkt, dass du gerade einen Keks aus der Lade genommen hast, obwohl ich dir vorhin gesagt habe, dass du mich oder Papa vorher fragen musst. Wir werden darüber sprechen müssen, aber ich muss jetzt zur Arbeit. Wenn ich nach Hause komme, werden wir darüber reden.«

Hier ist ein Beispiel mit einem hungrigen Kleinkind, das gerade seinen Teller geworfen und Sie damit getroffen hat. *»Au! Du hast gerade einen Teller geworfen und mir damit weh getan. Ich merke, dass du gerade sehr hungrig bist, also werden wir zuerst etwas essen und danach darüber sprechen, was gerade passiert ist.«*

Eltern von tollen Kindern deuten um

Manchmal passiert es, dass Eltern ihre Kinder um etwas scheinbar Einfaches bitten, beispielsweise still zu stehen oder ruhig zu sein oder ihr Zimmer aufzuräumen, und dann frustriert sind, wenn es nicht passiert. Es gibt eine bessere Möglichkeit: die Umdeutung.

Diese Umdeutung Ihrer Bitte spielt mit der Fantasie und der Lust Ihres Kindes, zu spielen, um positives Verhalten zu motivieren. Diese Technik funktioniert am besten mit jüngeren Kindern. Eine faszinierende Studie hat die Auswirkungen dieser Technik bei Vierjährigen untersucht.[51]

In der Studie gaben die Forscher den Kindern zunächst eine Anweisung: Steht still, solange ihr könnt. Die Kinder hielten das nicht lange durch, normalerweise weniger als eine Minute lang. Dann baten die Forscher die Kinder darum, so zu tun, als wären sie Wächter einer Fabrik. Die Kinder konnten fast vier Mal so lange still stehen. Warum? Weil sie durch ihre Fantasie dazu motiviert wurden, etwas zu tun.

Sie können diese Umdeutung von Bitten auch in vielen Kindergärten beobachten, wenn beispielsweise Aufräumlieder gesungen werden, während Kinder die Spielsachen wegräumen. Dies hilft Ihrem Kind, erfolgreich zu sein.

Es ist auch eine gute Taktik für Erwachsene, da es unsere Kreativität einbindet, eine Bitte (»Steh still«) als etwas Spannendes zu formulieren (»Tu so, als wärst du der Wächter einer Fabrik«).

Probieren Sie es mal so: Das nächste Mal, wenn Sie wollen, dass Ihr kleines Kind etwas tut, könnten Sie in verschwörerischer Stimme Folgendes sagen: »*Ich habe gehört, dass Aliens auf die Erde wollen. Kannst du bitte ganz genau hinhören, damit wir merken, wenn sie kommen, und wir sie darum bitten können, wieder zu gehen? Du musst ganz genau hinhören, diese Aliens sind wirklich sehr, sehr leise. Wenn du glaubst, dass du einen hörst, flüstere es mir ins Ohr, sodass sie dich nicht hören können.*«

Welche Aktivitäten stoßen bei Ihrem Kind auf Widerstand und wie könnten Sie sie umdeuten, sodass Sie die Fantasie Ihres Kindes anregen? Lesen Sie auch S. 82.

Eltern von tollen Kindern konzentrieren sich auf das Positive

Eine Freundin von mir sagt gern, dass Eltern in die Zukunft blicken können. Sie meint damit, dass wir oft spüren, wenn eine Situation schlecht ausgeht – wenn wir zum Beispiel sehen, wie unsere Kinder bei Tisch mit ihren Getränken spielen, und wir denken: »Das kippt gleich um«, oder unserem Kind dabei zusehen, wie es auf einen Baum klettert und denken: »Gleich fällt sie herunter.«

Es ist unsere Aufgabe, unseren Kindern dabei zu helfen, sich in dieser Welt zurechtzufinden, zu lernen, gute Entscheidungen zu treffen und Risiken einzugehen. Aber es hilft unseren Kindern, wenn wir unsere Sorgen und Lehren positiv formulieren. Zum Beispiel könnten wir »Lass die Milch in deiner Tasse« sagen, statt »Schütte nichts aus!« zu rufen. Oder »Halte dich gut fest« statt »Fall nicht hin!«.

Weil Worte in uns Bilder hervorrufen, ist es keine gute Idee, »Fall nicht herunter!« zu rufen, wenn unsere Kinder gerade versuchen, zu balancieren, da wir in ihnen so das Bild eines fallenden Menschen vor Augen halten. Wenn wir hingegen sagen, dass sie sich gut festhalten sollen, bedeutet es dasselbe, aber unsere Worte wecken ein positiveres Bild.

Wenn wir versuchen, »schlechtes« Verhalten (z. B. Jammern oder Fordern) zu verändern, hilft es, Kindern zu sagen, was sie tun sollen (z. B.: »Atme tief ein und sag ruhig ›bitte‹«), statt ihnen zu sagen, was sie nicht tun sollen (z. B.: »Hör auf, zu jammern«). (Siehe auch S. 69.)

Wie wichtig es ist, sich auf das Positive zu konzentrieren, wird auch noch in anderen Tipps in diesem Buch behandelt: wie wir unsere Kinder sehen (siehe S. 74 und S. 101) und wie wir ihnen beibringen, wie sie die Welt sehen (siehe S. 143).

Probieren Sie es mal so: Sagen Sie Ihren Kindern, was sie tun *sollen*, statt ihnen zu sagen, was sie *nicht* tun sollen.

Und wenn unsere Kinder einen Grammatikfehler machen, sollten wir ihn nicht direkt ansprechen (»Nein, es heißt nicht: ›Die Katze gehen unter den Tisch‹, es heißt: ›Die Katze geht unter den Tisch‹«), sondern den Satz – grammatisch richtig – wiederholen: »Oh, die Katze geht unter den Tisch? Stimmt, ich sehe es.« Durch Wiederholung und Übung lernen Kinder Grammatik, ohne dabei Angst zu haben, Fehler zu machen.

Wenn sie mehr Anregungen dafür brauchen, diese Technik anzuwenden, lesen Sie S. 168.

Eltern von tollen Kindern können die Stimmung ändern (und humorvoll und verspielt sein)

Humorvoll zu sein ist nicht nur lustig (und gut für einen selbst), sondern kann uns auch dabei helfen, unsere Kinder (und uns) von schlechter Laune zu befreien.

Sie müssen abschätzen, wie wichtig es Ihrem Kind gerade ist, traurige Gefühle auszuleben. Meistens können Sie Ihrem Kind aber ein Lächeln ins Gesicht zaubern, indem Sie die Situation nicht zu ernst nehmen.

Probieren Sie es mal so: Wenn Sie bemerken, dass Ihr Kind verstimmt oder traurig ist, dann können Sie in einer halb lustigen, halb ernsten Stimme sagen: »*Oh! Du siehst frustriert aus! Hrmpf. Grummel grummel!*« Wenn Sie sehen, dass Ihr Kind sich ein Lächeln verkneift, sagen Sie: »*Halt! Du kannst nicht lächeln, wenn du wütend bist. Nicht lächeln … nicht lächeln …*« Vermutlich kichern Ihre Kinder zu diesem Zeitpunkt bereits.

Diese Technik funktioniert auch, wenn sich Ihr Kind beispielsweise weigert, die Schuhe anzuziehen: »*In Ordnung. Wenn du sie nicht tragen möchtest, dann trag ich sie eben.*« (Nehmen Sie einen Schuh und versuchen Sie, ihn anzuziehen.) »*Oh nein! Er passt mir nicht. Vielleicht passt er hier besser?*« (den Schuh am Ellenbogen anprobieren) »*Nein … Wie wäre es hier?*« (den Schuh an die Nase halten). Sie verstehen schon, was ich meine. Machen Sie weiter, bis Ihr Kind kichert.

Am besten funktioniert diese Technik bei jüngeren Kindern. Alles hängt davon ab, wie Sie Humor vermitteln, also zu welchem Zeitpunkt und in welcher Stimmlage.

Schenken Sie der Reaktion Ihres Kindes besondere Aufmerksamkeit, wenn Sie die Technik anfangs nutzen. Sonst könnten Sie eine Situation übersehen, in der Ihr Kind wirklich traurig oder wütend ist.

Seien Sie bereit, schnell eine andere Technik anzuwenden, wenn Humor die Stimmung nicht hebt. Gehen Sie dann sofort über zu Empathie (S. 31).

Eltern von tollen Kindern vermeiden Drama

Manchmal braucht es nur ein wenig Humor, um die Stimmung zu heben (S. 174), aber manchmal ist es auch wichtig, langweilig zu sein. Langeweile ist die beste Methode, die Aufmerksamkeit Ihres Kindes zu erhalten, wenn es sich schlecht benimmt oder Sie zu provozieren versucht.

In diesen Fällen fühlt sich Ihr Kind bestätigt, wenn das provokative Verhalten (S. 72) ein Drama auslöst. Wenn Sie das vermeiden wollen, um die Situation nicht eskalieren zu lassen, dann sollten Sie langweilig sein. Das ist leichter gesagt, als getan.

Langweilig zu sein bedeutet in diesem Kontext, dass Sie Ihre Energiereserven aufsparen und sich nicht provozieren lassen. Wenn sich Ihr Kind beispielsweise schlecht benommen hat und Sie eine Konsequenz ziehen wollen, versucht es, Sie weiter zu provozieren, indem es verschmitzt lächelt oder die Augen verdreht. Die beste Methode ist es, dieses Verhalten zu ignorieren und sich auf die Konsequenzen zu konzentrieren (siehe auch S. 140).

Und wenn Ihr Kind nachts immer wieder aufsteht, nachdem Sie es ins Bett gebracht haben, zeigen Sie Langeweile und bringen Sie es wieder ins Bett zurück. Lassen Sie sich nicht in ein Drama oder ein Gespräch hineinziehen. Bleiben Sie emotional so neutral wie möglich. Wenn Sie Ärger oder Verstimmtheit zeigen, wenn es immer wieder aufsteht, dann wird Ihre Reaktion interessant für Ihr Kind und es will sehen, was passiert, wenn es weitermacht.

Probieren Sie es mal so: Weil solche Probleme häufig auftreten, werde ich das Zubettbringen als Beispiel nutzen. Die Lösung ist simpel (aber nicht einfach): Jedes Mal, wenn Sie merken, dass Ihr Kind wieder aufgestanden ist, nehmen Sie es bei der Hand und sagen, wenn Sie es wieder ins Bett bringen: *»Es ist Zeit, schlafen zu gehen. Lass uns ins Bett gehen. Ich sehe dich morgen früh. Gute Nacht.«* Gutenachtkuss

Besonders wichtig dabei ist, dass Ihre Körpersprache und Ihre Stimm-
lage diese Langeweile ausdrücken. Bringen Sie Ihr Kind wieder ins
Bett. Wiederholen Sie den Vorgang, sooft es nötig ist (vielleicht auch
Dutzende Male).

Bleiben Sie bei den Worten, die Sie gewählt haben, und halten Sie die
Interaktion kurz. Sie versuchen, zu vermitteln (S. 87), dass nichts Interessantes passiert, egal, wie oft Ihr Kind wieder aufsteht. So verliert es
das Interesse.

Wenn Sie zu zweit sind oder noch andere Erwachsene diese Aufgabe
übernehmen können, dann wechseln Sie sich tageweise ab. So versteht Ihr Kind, dass dieses Verhalten an jedem Tag uninteressant ist,
das Ergebnis ist vorhersehbar (S. 137) und Sie können sich eine Pause
gönnen. Denken Sie daran, dass Sie nicht alles tun können und auch
auf Ihren Schlaf achten müssen, da Schlafmangel zu schlechter Stimmung führt. So fällt es Ihnen schwerer, sachlich und langweilig zu
bleiben.

Eltern von tollen Kindern brechen die Handlung ab

Eine Handlung einfach abzubrechen ist ein großartiges Werkzeug für Eltern. Stellen Sie es sich so vor, als drückten Sie einen Pause-Knopf.

Eine Handlung abzubrechen zeigt Ihrem Kind, dass das, was gerade passiert, nicht in Ordnung ist. Wenn Sie eine Situation oder Interaktion so nicht fortführen wollen, dann brechen Sie sie ab – das Gespräch oder die Diskussion kann nicht ohne Ihre Teilnahme fortgeführt werden. Ich habe schon mit vielen Eltern gearbeitet, die immer wieder sagten: »Rede nicht so mit mir« und schon ganz heiser davon waren. Dennoch führen Sie das Gespräch fort, obwohl ihr Kind weiterhin schreit.

In diesen Situationen sagen Eltern das eine, tun aber das andere (siehe auch S. 131). Stattdessen sollten Sie die Handlung *auch* abbrechen.

Probieren Sie es mal so: Das nächste Mal, wenn Ihr Kind sich Ihnen gegenüber negativ verhält (Jammern, Schreien usw.), brechen Sie die Handlung ab und sagen, warum Sie die Handlung abbrechen. Anschließend können Sie um eine Wiederholung der Situation bitten (siehe S. 179).

Zum Beispiel: Ihr zweijähriges Kind lässt seinen Becher fallen. Es schreit und deutet auf den Becher. Anstatt den Becher aufzuheben, halten Sie kurz inne – Sie brechen die Handlung ab – und bitten Ihr Kind, tief einzuatmen und »Bitte« zu sagen (das ist eine Wiederholung). Wenn es tut, was Sie sagen, heben Sie den Becher auf und geben ihn Ihrem Kind. (Siehe auch S. 67.) Beachten Sie, dass Wiederholungen (in diesem Beispiel das Einatmen und Bittesagen) alternatives Verhalten aufzeigen sollten, das Sie bevorzugen und zu dem Ihr Kind auch fähig ist (S. 69).

Ein anderes Beispiel: Ihre jugendliche Tochter ist frustriert und wütend, weil Sie ihr erklären, warum sie nicht zur Übernachtungsparty ihrer Freundin gehen darf. Sie schreit: »Du verstehst gar nichts!«

Anstatt das Gespräch fortzuführen und zu erklären, dass Sie die Frustration verstehen, halten Sie inne und hören auf zu sprechen.

Erklären Sie, dass Sie bereit sind, das Problem zu besprechen, aber nur dann, wenn sie nicht schreit oder respektlos ist. Bitten Sie um eine Wiederholung und führen Sie das Gespräch fort. Wenn sie wieder schreit, hören Sie auf. Wenn es ein drittes Mal passiert, dann sagen Sie, dass sie wohl beide eine Pause brauchen und später darüber sprechen können (nennen Sie ihr einen Zeitpunkt, beispielsweise nach dem Abendessen). Dann brechen Sie die Unterhaltung sachlich ab.

Eltern von tollen Kindern bieten ihren Kindern Wiederholungen an

Sehen Sie Wiederholungen als Rückspul-Knopf an. Sie drücken ihn und hoffen auf eine bessere Szene oder eine bessere Situation. Wiederholungen folgen üblicherweise auf einen Handlungsabbruch (siehe S. 177).

Eine Wiederholung ist die Möglichkeit, es noch einmal zu versuchen und es besser zu machen. Besonders bei jüngeren Kindern, die noch mit allem experimentieren (S. 96), wirkt diese Taktik Wunder.

Wiederholungen sind ein wichtiger Teil des Lernens. Sie bieten die Chance, etwas Neues auszuprobieren. Wiederholungen sind auch wichtig, um neue Gewohnheiten (siehe S. 64) zu schaffen. Je öfter wir etwas wiederholen, desto mehr gewöhnen wir uns daran.

Eine Wiederholung ist besonders nützlich, wenn auch eine Konsequenz oder negatives Verhalten (z. B. Jammern) folgt.

Bevor Sie um eine Wiederholung bitten, sollten Sie und Ihr Kind über besseres Verhalten sprechen (siehe S. 69). Sobald Sie das Verhalten besprochen haben, bieten Sie eine Wiederholung an, sodass Ihr Kind das neue, bessere Verhalten üben kann. Anschließend loben Sie Ihr Kind (siehe S. 74 und S. 112 für Richtlinien).

Eine andere Taktik, die eng mit Wiederholungen verbunden ist, ist die Probe (siehe S. 181).

Probieren Sie es mal so: Im Folgenden finden Sie zwei Beispiele. Das erste beschreibt eine typische Situation, in der Ihr Kleinkind Essen auf den Boden wirft. Das zweite ist eine ebenso typische Situation, in der Ihr älteres Kind sich Ihnen gegenüber respektlos verhält.

»Jimmy, bitte hör auf, dein Essen auf den Boden zu werfen (Regel). *Wenn du das tust, verschwendest du Lebensmittel* (Grund). *Wenn du die Erbsen auf den Boden wirfst, nehme ich dir die Schüssel weg* (Warnung).« Die meisten Kleinkinder werden noch nicht alles davon verstehen

(obwohl sie mehr verstehen, als Sie denken). Aber Ihre Handlung, also die Konsequenz, klärt Verständnislücken auf. Außerdem helfen Sie Ihrem Kind so auch dabei, seine Sprachfähigkeiten auszubauen.

Wenn Jimmy die Erbsen noch einmal zu Boden wirft – was sehr wahrscheinlich ist, da er entweder gerade mit Ihnen oder den Erbsen experimentiert oder nicht versteht, was Sie ihm sagen –, dann nehmen Sie ihm die Schüssel ruhig und sachlich für ein paar Sekunden weg. Dann geben Sie ihm die Schüssel zurück und lassen es ihn nochmal versuchen. Wiederholen Sie das so oft wie nötig.

Er wird schnell verstehen, dass die Erbsen verschwinden, wenn er sie auf den Boden wirft. Wenn er die Erbsen essen möchte, wird er damit aufhören müssen. Wenn er auch nach einigen Wiederholungen noch mit den Erbsen spielt, nehmen Sie es als Zeichen, dass er mit dem Essen fertig ist.

Zweites Beispiel: Während Sie das Essen auf den Tisch stellen, ruft Ihre Tochter in respektlosem Tonfall: *»Mama! Du weißt, dass ich keine Sauce auf meinen Nudeln haben will. Ekelhaft!«*

Halten Sie kurz inne, atmen Sie tief ein und antworten Sie sachlich: *»Sandy, ich weiß nicht, ob du es mitbekommst* (Vertrauensbonus, siehe S. 101), *aber du hast gerade einen sehr respektlosen Tonfall* (Regel).[52] *Ich verstehe, dass du etwas an diesem Gericht nicht magst* (Empathie, S. 31), *und das ist nicht die angemessene Art und Weise, mir das zu sagen* (Methode und Ziel, siehe S. 67). *Bitte versuche es noch einmal* (Wiederholung).«

Wenn die Wiederholung erfolgreich war, dann geben Sie ihr die Sauce auf einen eigenen Teller. Wenn die Wiederholung nicht erfolgreich war, dann sagen Sie ihr sachlich, dass Sie ihre Wünsche gern respektieren, wenn sie sie respektvoll äußert. Stellen Sie sicher, dass Ihre Tochter weiß, wie sie das machen soll (siehe auch S. 72).

Eltern von tollen Kindern proben

Auch wenn Ihr Kind keine Ambitionen zeigt, Broadway-Star zu werden, hat die Welt der darstellenden Künste einiges zu bieten, das Eltern nutzen können. Allen voran: die Probe. Bei der Erziehung, genauso wie im Theater, ist eine Probe die Möglichkeit, ein neues Verhalten zu üben, bis es in Fleisch und Blut übergeht.

Und weil Übung der Grundstein des Lernens ist, müssen wir Kindern die Chance geben, neues Verhalten, das wir uns von ihnen wünschen, einzuüben (und sie anschließend spezifisch loben, um sie darin zu bestärken, siehe S. 112). Oft ergeben sich diese Möglichkeiten des Übens nicht von selbst, aber Eltern können sie auch einfach schaffen. Das meine ich, wenn ich »Probe« sage.

Im Gegensatz zur Realität, in der starke Gefühle, Gewohnheiten und Zeitdruck dafür sorgen, dass Kinder negatives Verhalten zeigen, können sie bei einer Probe Verhalten üben und somit besser lernen.

Bei diesen Proben, genauso wie auch bei Theaterproben, inszenieren Sie eine Situation, die möglichst nahe an der Realität ist, und ermutigen Ihr Kind dann, das neue Verhalten zu üben. Das Ziel ist, dieses Verhalten so einzuüben, dass das Kind das neue Verhalten wie von selbst abruft, wenn die Situation im »wirklichen Leben« eintritt.

Wenn Ihr Kind also immer wieder seinen Mantel und seinen Rucksack vor der Tür stehen lässt, könnten Sie am Wochenende eine Probe veranstalten. Dabei können Sie Ihr Kind darum bitten, durch die Tür zu gehen, als wäre es ein normaler Wochentag, an dem es von der Schule kommt, aber diesmal den Mantel aufzuhängen und den Rucksack in den Schrank zu stellen. Jeglichen Erfolg sollten Sie mit Lob bestärken.

Proben sind nicht nur nützlich, um Ihren Kindern neues Verhalten beizubringen (z. B. wie man einen Erwachsenen grüßt, wie man einen Tisch deckt), sondern sie helfen auch, negative Verhaltensmuster durch positive zu ersetzen (z. B. um etwas zu bitten, statt es zu fordern, oder sich vor dem Frühstück anzuziehen, anstatt nachher im Stress zu sein, rechtzeitig in die Schule zu kommen).

Proben sind auch gut geeignet, Ausraster und anderes Problemverhalten einzudämmen. Alan Kazdin von der Yale-Universität schlägt vor, dass Sie Ihrem Kind in einem ruhigen Augenblick vorschlagen, so zu tun, als sei es verärgert oder traurig. Dabei soll das Kind die Hände ruhig halten, während es wütend zu sein vorgibt, und sie loben es dafür. Wenn Ihr Kind dieses neue Verhalten dann zeigt (auch wenn es nur teilweise gelingt), wenn es wirklich wütend ist, dann sollten Sie es für diesen großen Erfolg wieder loben (siehe S. 74). Anstatt zu versuchen, problematisches Verhalten insgesamt auszuschalten, proben Sie mit Ihrem Kind, was es tun kann, wenn es wütend ist, ohne aggressiv zu sein (und anschließend, ohne Dinge durch die Gegend zu werfen), und loben es für die Erfolge, die es Schritt für Schritt macht. Lesen Sie auch über Gerüste (S. 118) und Wiederholungen (S. 179).

Probieren Sie es mal so: Stellen Sie sich vor, Ihr Sohn lässt immer, wenn er nach Hause kommt, seine Kleidung, seine Schuhe und seinen Rucksack im Eingang stehen. Sie haben ihn immer wieder gebeten (vielleicht sogar schon genörgelt?), seine Sachen wegzuräumen, bevor er spielen geht, aber er tut es nicht. Hören Sie auf zu nörgeln, und beginnen Sie zu proben.

Suchen Sie sich einen Tag aus, an dem alle Beteiligten weniger gestresst sind und an dem Sie keinen Zeitdruck haben. Entwerfen Sie nun ein Bühnenbild, das die Realität abbildet: Bitten Sie ihn, seine Schulsachen einzupacken und sich anzuziehen, als sei es ein normaler Schultag.

Nun bitten Sie ihn darum, durch die Tür zu gehen. Aber anstatt seine Sachen auf den Boden zu werfen und zu gehen, soll er sein neues Verhalten üben, den Mantel aufhängen, die Schuhe und den Rucksack wegräumen. Wenn er das tut, dann loben Sie ihn aufrichtig, spezifisch und sofort.

Wenn er nicht alles richtig macht, loben Sie ihn für das, was er richtig gemacht hat: »*Es ist schön, deinen Mantel so ordentlich aufgehängt zu sehen. Danke! Lass es uns nochmal versuchen und probieren wir, die Schuhe und den Rucksack wegzuräumen.*« Proben Sie mit Ihrem Kind, bis das neue Verhalten zur Gewohnheit wird (gerne auch in mehreren Proben).

Und stellen Sie sicher, dass die Proben eine positive Erfahrung sind (kritisieren Sie also nicht, was er nicht richtig macht), sodass er auch in Zukunft gerne mit Ihnen probt.

Lesen Sie auch S. 89.

Eltern von tollen Kindern konzentrieren sich auf die Beziehung

Sie haben vielleicht schon einmal das Standardargument der Immobilienmakler gehört, die behaupten, es gehe nur um eines: Lage, Lage, Lage. Bei Kindern zählt etwas anderes: Beziehung, Beziehung, Beziehung.

Ohne eine starke, liebevolle Beziehung, die auf gegenseitigem Respekt und Vertrauen beruht, helfen all die Prinzipien und Techniken in diesem Buch nur, Ihr Kind gehorsam zu machen. Aber in Verbindung mit einer positiven, starken Beziehung zu Ihrem Kind sind all die Ideen in diesem Buch großartige Werkzeuge für Eltern, ein harmonisches, liebevolles und unterstützendes Familienleben zu schaffen.

Wenn wir eine gute Beziehung zu unseren Kindern haben, eine Beziehung, die von Empathie, Geduld, Mitgefühl, Vertrauen und Respekt erfüllt ist, *wollen* unsere Kinder ein gutes Zusammenleben fördern und werden kooperativer, wenn wir versuchen, ihnen positive Gewohnheiten und Verhaltensweisen anzugewöhnen. (Siehe auch S. 103.) Eine starke Eltern-Kind-Beziehung hat außerdem deutliche positive Auswirkungen auf alle Bereiche der kindlichen Entwicklung, sowohl sozial und emotional als auch kognitiv und physisch. Und dies ist mit positiver Situationsbewältigung in beinahe allen Lebensbereichen verbunden.

Diese Art von positiver Eltern-Kind-Beziehung bedeutet nicht, dass unsere Kinder unsere Freunde sind. Sowohl unsere Kinder als auch wir genießen die Anwesenheit des jeweils anderen und verbringen Zeit miteinander, genau wie Freunde, aber wir sind trotz allem noch die Eltern unserer Kinder. Und zwar selbst dann, wenn diese erwachsen werden.

Probieren Sie es mal so: Sie können eine gute Beziehung mit jeder Interaktion, die Sie mit Ihrem Kind haben, weiter ausbauen. Das braucht viel Zeit. Beobachten Sie, wie Sie jeden Tag mit Ihren Kindern umgehen, und fragen Sie sich, ob diese Interaktionen, diese einzelnen Momente, über Jahrzehnte addiert die Art von Beziehung fördern, die Sie sich wünschen. Wenn nicht, können Sie die Ideen in diesem Buch nutzen, um sich zu verändern.

Eltern von tollen Kindern fangen da an, wo sie sind

Wenn Sie dieses Kapitel nach all den anderen Kapiteln in diesem Buch lesen, dann fühlen Sie sich vielleicht schuldig oder haben Angst. Diese Gefühle sind normal. Es ist normal, diese Gefühle zu fühlen, wenn man etwas Neues lernt, mit dem man schon viel früher hätte beginnen sollen.

Denken Sie bitte daran, dass Sie immer nur nach Ihrem aktuellen Wissensstand handeln können. Die meisten Eltern tun alles, was sie können. Zum Glück sind Kinder sowohl belastbar als auch nachsichtig – mehr Unkraut als delikates Blümchen. Denken Sie auch daran, dass Eltern nicht perfekt sind (siehe S. 45).

Vor allem sollten Ihre Ängste und Ihre Scham Sie nicht davon abhalten, das, was Sie *jetzt* wissen, auch umzusetzen. Eines meiner Lieblingszitate lautet: »Der beste Zeitpunkt, einen Baum zu pflanzen, war vor zwanzig Jahren, der zweitbeste Zeitpunkt ist jetzt.«

Ich hoffe, dieses Buch hat Ihnen Verständnis gebracht und Werkzeuge dafür, die Art von Beziehung zu Ihrem Kind aufzubauen, die Sie sich wünschen. Fangen Sie gleich an.

Endnoten

1 Bitte beachten Sie, dass die erzieherischen Strategien, in denen es um Konsequenzen geht, für Kinder ab zwei Jahren gedacht sind. Wenn Sie ein Kleinkind oder Ba-
by haben, dann sollten Sie Konsequenzen durch Beobachtung und Umleitung des
Verhaltens ersetzen, und eine enge, liebevolle Bindung aufbauen. Gute Tipps für
die Erziehung von Kleinkindern und Babys finden Sie auf den Seiten S. 21, S. 34,
S. 62, S. 67, S. 82, S. 85, S. 87, S. 107, S. 150, S. 152, S. 158, S. 164, S. 168,
S. 170, S. 172, S. 174, S. 175, S. 177, S. 179 und S. 181 .S. 184

2 Streng genommen bedeutet Empathie, dass man fühlt, was die andere Person
fühlt. Sympathie bedeutet im Gegensatz dazu, dass einem die Gefühle eines anderen Menschen wichtig sind und man sie verstehen will. Das bedeutet nicht not-
wendigerweise, dass man diese Gefühle auch fühlt. Eltern erfahren sowohl Sympathie als auch Empathie mit ihren Kindern. Damit es nicht zu kompliziert wird,
werde ich einen vageren Begriff von Empathie verwenden, nämlich sich auf Gefühle einzustellen und damit Respekt und Ehrlichkeit für die Erfahrungswelt einer
anderen Person zu zeigen.

3 Sandra Aamodt und Sam Wang: »Welcome to Your Child's Brain«; New York:
Bloomsbury, 2012.

4 Sara. F. Waters, Tessa V. West, und Wendy Berry Mendes: »Stress Contagion: Psychological Covariation between Mothers and Infants«; Psychological Science,
Nr. 25/4, 2014: S. 934–942.

5 Lisa H. Albers, Dana E. Johnson, et al.: »Health of Children Adopted from the For-
mer Soviet Union an Eastern Europe: Comparison with Preadoptive Medical Re-
cords«; Journal of the American Medical Association, Nr. 278/11, 1997: S. 922–
924.

6 Berndan L. Smith: «The case against spanking. Physical discipline is slowly declin-
ing as some studies reveal lasting harms for children"; Monitor on psychology:
Nr. 43/4, 2012: S. 60. Online unter: http://www.apa.org/monitor/2012/04/span-
king.aspx

7 Duke University: "Some things hugs can't fix: Parental warmth does not remove
anxiety that follows punishment"; ScienceDaily, 2015. Online unter: http://www.
sciencedaily.com/releases/2015/03/150316165949.htm

8 Ein großartiges Buch über Gewohnheiten ist »The Power of Habit« (dt.: »Die Macht
der Gewohnheit«) von Charles Duhigg.

9 Nancy Eisenberg: »Emotion, Regulation, and Moral Development"; Annual Review
of Psychology, Nr. 51, 2000: S. 665–697.

10 Alison Gopnik: «How Babies think. Even the youngest children know, experience
and learn far more than scientists ever thought possible"; Scientific American,
Nr. 303, 2010: S. 76–81. Online unter: http://alisongopnik.com/Papers_Alison/
sciam-Gopnik.pdf

11 Z. Ivcevic und M. Brackett: »Predicting School Success: Comparing Conscientiousness, Grit, and Emotion Regulation Ability"; Journal of Research in Personality, Nr. 52, 2014: S. 29–36.

12 Dieses Konzept ist aus der Forschung von John Gottman (u. a.) übernommen.

13 Sandra Aamodt, Samuel Wang: »Welcome to Your Child's Brain: Die Entwicklung des kindlichen Gehirns von der Zeugung bis zum Reifezeugnis«; München, C.H. Beck, 2012.

14 Basierend auf der Forschung von Roy Baumeister.

15 Alison Gopnick, Andrew Meltzhoff und Patricia Kuhl haben in ihrer Forschung vorgeschlagen, Kinder und Kleinkinder als WissenschaftlerInnen zu verstehen. Ihr Buch ist äußerst lesenswert: »The Scientist in the Crib: What Early Learning Tells Us About the Mind"; New York, William Morrow Paperbacks, 2000.

16 Außer, es besteht ein Sicherheitsrisiko oder die natürliche Konsequenz ist nichts, das sie selbst entscheiden sollte; ein Beispiel dafür wäre, wenn das Eisenbahn-Set ihrem Bruder gehört, denn dann ist es nicht ihre Entscheidung, es in den Park mitzunehmen.

17 An dieser Stelle möchte ich Susan DeMersseman für ihren Ausspruch, dass Kinder Arbeitsprozesse mit der Absicht, sich zu bessern, seien, danken.

18 S.H. Chen, Q. Zhou, et al.: »Parental Expressivity in Chinese Families: Prospecitve and Unique Relations to Children's Psychological Adjustment"; Parenting: Science and Practice, Nr. 11/4, 2011, S. 288–307.

19 Sarah Clinton: «Children feel most positively about mothers who respect their autonomy"; University of Missouri, 2015. Online unter: https://munews.missouri.edu/news-releases/2015/0127-children-feel-most-positively-about-mothers-who-respect-their-autonomy/

20 A. Bernier, SM Carlson et al.: «From external regulation to self-regulation: early parenting precursors of young children's executive functioning."; Child Development. Nr. 81(1), 2010: S. 326–339. Online unter: http://www.ncbi.nlm.nih.gov/pubmed/20331670

21 Außer Sie leben in einer kalten Klimazone, in der ihre Tochter Frostbeulen oder Schlimmeres bekommen kann. Hier greift eine wichtige Ausnahme zu diesem Prinzip: Wenn die Entscheidung Ihres Kindes Ihr Kind oder andere Menschen in Gefahr bringen könnte, dann dürfen Sie Ihr Kind nicht selbst entscheiden lassen. In diesem Fall empfiehlt es sich, Empathie zu zeigen (S. 31), Autorität zu zeigen (siehe S. 105), Gründe zu geben (siehe S. 120) oder Ihr Kind abzulenken (siehe S. 174). Wenn dieses Problem öfter auftritt, könnten Sie es mit Proben versuchen (S. 181).

22 Diese Erziehungsstile sind an die Forschung der entwicklungspsychologischen Wissenschaftlerin Diana Baumrind angelehnt.

23 Enrique Rivero: «Lack of parental warmth, abuse in childhood linked to multiple health risks in adulthood"; University of California, 2013. Online unter: http://www.newsroom.ucla.edu/releases/lack-of-parental-warmth-abuse-248580

24 James Morehead: »Stanford University's Carol Dweck on the Growth Mindset and Education"; Online unter: https://onedublin.org/2012/06/19/stanford-universitys-carol-dweck-on-the-growth-mindset-and-education/

25 Ebd.

26 Auch, wenn sich Dwecks Forschung auf diese harte Arbeit konzentriert, um eine wachsende Denkweise zu kultivieren, sagt auch sie, dass Mühe nicht das einzig Ausschlaggebende ist. Sie sagt, dass es zwar wichtig ist, sich zu bemühen, um zu lernen, aber dass es nicht dasselbe ist, wie zu lernen, was das eigentliche Ziel ist. Deshalb müssen Schüler und Schülerinnen auch Hilfe suchen, wenn sie keine Fortschritte mehr machen, und bereit sein, Neues auszuprobieren. Sehen Sie es so: Wenn ein Schüler oder eine Schülerin mit aller Kraft gegen eine Mauer drückt, um auf die andere Seite zu kommen, bringt es nichts, das Kind für seine Mühen zu loben, denn es wird nicht an sein Ziel kommen. Stattdessen braucht es jemanden, der ihm sagt, dass es über die Mauer klettern oder sich unter sie durchgraben muss, um auf die andere Seite zu kommen.

27 Das Gerüst-Konzept, das auch oft in Schulklassen angewendet wird, stammt aus den Forschungen von Jerome Bruner und Lev Vygotsky.

28 In Situationen, in denen Ihr Kind eine andere Art von Hilfe braucht, wenn es beispielsweise ein Glas Milch verschüttet hat, können Sie Ihrem Kind einfach helfen, ohne zu überlegen, wie Ihre Hilfe die Entwicklung Ihres Kindes beeinflusst. In solchen Fällen leben Sie Ihrem Kind vor, dass es wichtig ist, zu helfen, wenn man kann.

29 Beachten Sie aber auch, dass Gründe nicht immer die beste Strategie sind, siehe S. 127.

30 M.-T. Wang und S. Kenny: »Longitudinal Links Between Fathers' and Mother's Harsh Verbal Discipline and Adolescents' Conduct Problems and Depressive Symptoms« In: Child Development, Nr. 85, 2014: S. 908–923.

31 Im Zusammenhang mit dem Konzept von »Flow« möchte ich Ihnen die Lektüre dieses Buches empfehlen: Mihály Csíkszentmihályi : »Flow: Das Geheimnis des Glücks«. Stuttgart, Klett-Cotta, 2015.

32 Academy of Medical Royal colleges: «Exercise: The miracle cure and the role doctor in promoting it". London, 2015. Online unter: https://www.aomrc.org.uk/wp-content/uploads/2016/05/Exercise_the_Miracle_Cure_0215.pdf

33 Ebd.

34 Die WHO empfiehlt, jeden Tag mindestens 60 Minuten lang Sport zu machen.

35 Ein interessantes Buch dazu ist: Daniel Kahnemann: »Schnelles Denken, langsames Denken«. München: Siedler Verlag, 2012.

36 Lisa D. Ordónez, Maurice E. Schweiter, et al.: »Goals Gone Wild: The Systematic Side Effects of Overprescribing Goal Setting« In: Academy of Management Perspectives, Nr. 23/1, 2009.

37 Kenneth R. Ginsburg et al.: »The Importance of Play in Promoting Healthy Child Development and Maintaining Strong Parent-Child Bonds" In: Pediatrics, Nr 119/ 1, 2007. Online unter: https://pediatrics.aappublications.org/content/119/1/182

38 Wenn Sie mehr zu diesem Thema erfahren wollen, empfehle ich Ihnen dieses Buch: Madeline Levine: »The Price of Privilege«. New York: Harper Perennial, 2008.

39 Diese Definition von »Spielen« stammt von Peter Gray.

40 WHO: «Global Recommendations on Physical Activity for Health". Genf: World Health Organization (WHO), 2010. Online unter: https://www.who.int/dietphysi-calactivity/publications/9789241599979/en/

41 Adele Diamond, W. Steven Barnett, et al.: »Preschool Program Improces Cognitive Control« In: Science, Nr. 318/5855, 2007: S. 1397–1488.

42 Eine großartige englischsprachige Ressource für Eltern und Erziehende, die Kinder jeden Alters davor schützen wollen, dass zu viel von ihnen erwartet wird, ist das »Challenge Success«-Programm der Stanford University: www.challengesuccess.org

43 Reut Gruber, Jamie Cassoff et al.: »Impact of Sleep Extension and Restriction on Children's Emotional Liability and Impulsivity"; Pediatrics, Nr. 130/5, 2012. Online unter: https://pediatrics.aappublications.org/content/130/5/e1155.

44 Richard Weissbourd hat ein großartiges Buch zu diesem Thema geschrieben: »The Parents We Mean to Be«; Boston: Mariner Books, 2009.

45 Die Forschung zeigt, dass Belohnungen als äußerliche Motivatoren für das Erfüllen einer Aufgabe dafür sorgen, dass die inneren Motivatoren verkümmern. Gerade bei Kindern wirkt sich dieser Effekt besonders stark aus. Siehe u. a. E.L. Deci, R. Koestner und R.M. Ryan: »A Meta-Analytic Review of Experiments Examining the Effects of Extrinsic Rewards on Intrinsic Motivation« In: Psychological Bulletin, Nr. 125/6, 1999: S. 627–668.

46 Erica Reischer: »Aganist the Sticker Chart«; The Atlantic, 2016. Online unter: https://www.theatlantic.com/health/archive/2016/02/perils-of-sticker-charts/470160/

47 Es gibt einige Fälle, in denen Belohnungssysteme wichtige und notwendige Hilfen für Eltern darstellen, beispielsweise bei Kindern mit besonderen Bedürfnissen.

48 Aufkleber können aber auch dazu genutzt werden, Ihren Kindern dabei zu helfen, ihre Fortschritte und Aufgaben nachzuverfolgen. Der Unterschied ist, dass Ihre Kinder die Aufkleber dafür nicht verdienen müssen. Ihre Kinder kleben dann einen Aufkleber in ihr Heft um zu zeigen, dass sie ihr Zimmer aufgeräumt haben. Der Aufkleber ist hier einfach ein befriedigendes Zeichen, ähnlich dem Abhaken einer To-do-Liste.

49 Belohnungen können Kindern jedoch dabei helfen, bestimmte Meilensteine leichter zu erreichen (beispielsweise zu lernen, aufs Töpfchen zu gehen). Es kann sie auch motivieren, sich in unangenehme, aber notwendige Situationen zu begeben (beispielsweise sich impfen zu lassen). Der Schlüssel ist, Belohnungen nicht systematisch und regelmäßig zu verwenden, vor allem nicht, wenn es um das familiäre Zusammenleben geht.

50 Pew Research Center: «Modern Parenthood. Roles of Moms and Dads Converge as They Balance Work and Family". Online unter: http://www.pewsocialtrends.org/2013/03/14/modern-parenthood-roles-of-moms-and-dads-converge-as-they-balance-work-and-family/

51 Paul Tough: «Can the Right Kinds of Play Teach Self-Control?"; New York: The New York Times Magazine, The School Issue, 2009. Online unter: https://www.nytimes.com/2009/09/27/magazine/27tools-t.html

52 Sprechen Sie respektvoll mit Ihrem Kind? Siehe S. 109.